संजीवनी बूटी
Mathematics

AF103853

Class-12th

RBSE | CBSE | HBSE | ICSE

- Chapterwise MCQ's
- Chapterwise Basic Concepts & Questions with PYQ's

NCERT Based Syllabus 2024-25

SHASHI SANGWAN

BlueRose ONE.com
Stories Matter
NewDelhi • London

BLUEROSE PUBLISHERS
India | U.K.

Copyright © Shashi Sangwan 2024

All rights reserved by author. No part of this publication may be reproduced, stored in a retrieval system or transmitted in any form or by any means, electronic, mechanical, photocopying, recording or otherwise, without the prior permission of the author. Although every precaution has been taken to verify the accuracy of the information contained herein, the publisher assumes no responsibility for any errors or omissions. No liability is assumed for damages that may result from the use of information contained within.

BlueRose Publishers takes no responsibility for any damages, losses, or liabilities that may arise from the use or misuse of the information, products, or services provided in this publication.

For permissions requests or inquiries regarding this publication,
please contact:

BLUEROSE PUBLISHERS
www.BlueRoseONE.com
info@bluerosepublishers.com
+91 8882 898 898
+4407342408967

ISBN: 978-93-6452-302-8

Consultant: Mukesh Devna
Cover design: Shivam
Typesetting: Namrata Saini

First Edition: December 2024

या कुन्देन्दुतुषारहारधवला या शुभ्रवस्त्रावृताया
वीणावरदण्डमण्डितकरा या श्वेतपद्मासना।
या ब्रह्माच्युत शंकरप्रभृतिभिर्देवैः सदा वन्दिता
सा मां पातु सरस्वती भगवती निःशेषजाड्यापहा ॥

Dedication

Reviewed By
"Dr. Karmveer Singh"

"Ideal Guruji,

You not only gave us the light of education but also taught us the principles of life. Your perseverance, strength and dedication strengthened our foundation. As a first class teacher, you gave us the first lessons of life and inspired us to grow in the right direction. Whatever we are today, it includes glimpses of your teachings. Your contribution will always be invaluable in our lives.

Regardless regards and thanks!"

"आदरणीय गुरुजी,

आपने न केवल शिक्षा का प्रकाश दिया, बल्कि जीवन के मूल्यों का पाठ भी पढ़ाया। आपकी सादगी, धैर्य और समर्पण ने हमारी बुनियाद को मजबूत बनाया। एक प्रथम श्रेणी शिक्षक के रूप में, आपने हमें जीवन का पहला सबक सिखाया और सही दिशा में बढ़ने की प्रेरणा दी। आज हम जो भी हैं, उसमें आपकी शिक्षाओं की झलक है। आपका योगदान हमारे जीवन में सदा अमूल्य रहेगा।

सादर प्रणाम एवं धन्यवाद!"

About the Author

Mathematics is not just a subject but a means to understand the universe. With this in mind, we are proud to introduce **Shashi Sangwan**, the author of this comprehensive Class 12 Maths book.

Shashi Sangwan is a renowned teacher with over [6 years] of teaching experience in Mathematics at the senior secondary level. With a passion for making complex concepts simple and accessible, he has dedicated his career to nurturing the mathematical curiosity of students.

Objective of the Book:-

This book is carefully designed to align with the latest curriculum and examination standards. Each chapter is structured as follows:

* **Clear Explanation:** Concepts are presented in a step-by-step manner to ensure clarity.

* **Implemented Examples:** Real-world applications and examples are included to connect theory to practice.

* **Practice Problems:** Various problems ranging from basic to advanced help students build confidence and prepare for competitive exams.

Key Features:-

Academic Book -

1) Available in two languages **(Hindi & English)**

2) Contains **Chapterwise MCQ's (300+)**

3) Contains **10 years PYQ's** of RBSE/CBSE/HBSE....etc. boards

4) Contains questions based on board exam paper pattern

* Extensive practice material including previous years question papers.

"I believe every student has the potential to excel in Mathematics. With dedication, practice and right guidance, the beauty of Mathematics comes out naturally. I hope this book will serve as a stepping stone to achieve your goals."

You can customize it based on the author's specific specifications and the unique features of the book.

गणित केवल एक विषय नहीं है, बल्कि ब्रह्मांड को समझने का एक साधन है। इसे ध्यान में रखते हुए, हमें इस व्यापक कक्षा 12 गणित पुस्तक के लेखक, शशि सांगवान का परिचय देते हुए गर्व हो रहा है।

शशि सांगवान, वरिष्ठ माध्यमिक स्तर पर गणित में [6 वर्षों] से अधिक के शिक्षण अनुभव वाले एक प्रसिद्ध शिक्षक हैं। जटिल अवधारणाओं को सरल और सुलभ बनाने के जुनून के साथ, छात्रों की गणितीय जिज्ञासा को पोषित करने के लिए अपनाकरियर समर्पित किया है।

पुस्तक का उद्देश्य:-

यह पुस्तक नवीनतम पाठ्यक्रम और परीक्षा मानकों के साथ संरेखित करने के लिए सावधानीपूर्वक डिज़ाइन की गई है। प्रत्येक अध्याय को इस प्रकार तैयार किया गया है:

* **स्पष्ट व्याख्या:** स्पष्टता सुनिश्चित करने के लिए अवधारणाओं को चरण-दर-चरण तरीके से प्रस्तुत किया गया है।

* **कार्यान्वित उदाहरण:** सिद्धांत को अभ्यास से जोड़ने के लिए वास्तविक दुनिया के अनुप्रयोग और उदाहरण शामिल किए गए हैं।

* **अभ्यास समस्याएँ:** बुनियादी से लेकर उन्नत तक की विभिन्न समस्याएँ छात्रों को आत्मविश्वास बनाने और प्रतियोगी परीक्षाओं की तैयारी करने में मदद करती हैं।

मुख्य विशेषताएँ:-

Academic Book -

1) जो दो भाषाओं **(Hindi & English)** में हैं

2) जिसमें **Chapterwise MCQ's (300+)** हैं |

3) जिसमें **RBSE/CBSE/HBSE....etc. बोर्डों के 10 सालों के PYQ's** समावेश हैं |

4) जिसमें बोर्ड एग्जाम के पेपर के पैटर्न पर आधारित questions का समावेश है |

* पिछले वर्षों के प्रश्नपत्रों सहित व्यापक अभ्यास सामग्री।

"मेरा मानना है कि प्रत्येक छात्र में गणित में उत्कृष्टता प्राप्त करने की क्षमता है। समर्पण, अभ्यास और सही मार्गदर्शन के साथ, गणित की सुंदरता स्वाभाविक रूप से सामने आती है। मुझे उम्मीद है कि यह पुस्तक आपके लक्ष्यों को प्राप्त करने के लिए एक कदम के रूप में काम करेगी।"

आप इसे लेखक के विशिष्ट विवरण और पुस्तक की अनूठी विशेषताओं के आधार पर अनुकूलित कर सकते हैं।

Contents

Chapter 1 Relations and Functions (संबंध एवं फलन) 1

Chapter 2 Inverse Trigonometric Function (प्रतिलोम त्रिकोणमितिए फलन) 8

Chapter 3 Matrix (आव्यूह) 12

Chapter 4 Determinants (सारणिक) 20

Chapter 5 Continuity and Differentiability (सांत्य तथा अवकलनीयता) 26

Chapter 6 Application of Derivative (अवकलज के अनुप्रयोग) 33

Chapter 7 Integrals 42

Chapter 8 Application of the Integrals (समाकलनों के अनुप्रयोग) 49

Chapter 9 Differential Equation (अवकल समीकरण) 54

Chapter 10 Vector (सदिश) 62

Chapter 11 Three Dimensional Geometry (त्रि-विभागीय ज्यामिति) 71

Chapter 12 Linear Programming (रैखिक प्रोग्रामन) 77

Chapter 13 Probability (प्रायिकता) 80

Chapter Wise MCQ's

Chapter 1 Relations and Functions (संबंध एवं फलन) 91

Chapter 2 Inverse Trigonometric Function (प्रतिलोम त्रिकोणमितीय फलन) ...97

Chapter 3 Matrices (आव्यूह) 101

Chapter 4 Determinants (सारणिक) 104

Chapter 5 Continuity and Differentiablity (सांतत्य एवं अवकलनीयता)...... 108

Chapter 6 Application of Derivatives (अवकलज के अनुप्रयोग) 111

Chapter 7 Integrals (समाकलन) 115

Chapter 8 Application of Integrals (समाकलनों के अनुप्रयोग).................... 120

Chapter 9 Differential Equations (अवकल समीकरण) 123

Chapter 10 Vector Algebra (सदिश बीजगणित) 127

Chapter 11 Three Dimensional Geometry (त्रि-विमीय ज्यामिति)................ 130

Chapter 12 Linear Programming (रैखिक प्रोग्रामन).................................. 134

Chapter 13 Probability (प्रायिकता).. 136

Case Study Based Practical Questions

Case Study Based Questions... 142

Chapter 1
Relations and Functions
(संबंध एवं फलन)

Relation (संबंध)

- ❖ A defines relationships between two sets of values. Let say from set A to set B.
- ❖ Set A is then called domain and set B is then called co-domain.
- ❖ If $(a, b) \in R$, it shows that a is related to b under relation R.
- ❖ यह समुच्चय A से B में दोनों समुच्चयों के बीच संबंध को परिभाषित करता है।
- ❖ समुच्चय A को प्रांत तथा समुच्चय B को सह- प्रांत कहा जाता है।
- ❖ यदि $(a, b) \in R$ हो, तो यह दर्शाता है के संबंध R, a व b से संबंधित हैं।

Types of Relations (संबंधों के प्रकार):-

1. ### Reflexive (स्वतुल्य)

   Relation R in a set A is called Reflexive, if $(a, a) \in R$, for every $a \in A$.

   समुच्चय A पर परिभाषित संबंध R, स्वतुल्य कहलाता है, यदि प्रत्येक $a \in A$ के लिए $(a, a) \in R$.

2. ### Symmetric (सममित)

   Relation R in a set A is called Symmetric, if $(a_1, a_2) \in R$ implies that $(a_2, a_1) \in R$, for all $a_1, a_2 \in A$.

   समुच्चय A पर परिभाषित संबंध R, सममित है, यदि समस्त $a_1, a_2 \in A$ के लिए $(a_1, a_2) \in R$ से $(a_2, a_1) \in R$ प्राप्त हो।

3. ### Transitive (संक्रामक)

   Relation R in a set A is called Transitive, if $(a_1, a_2) \in R$ and $(a_2, a_3) \in R$ implies that $(a_1, a_3) \in R$, for all $a_1, a_2, a_3 \in A$

   समुच्चय A पर परिभाषित संबंध R, संक्रामक कहलाता है, यदि समस्त $a_1, a_2, a_3 \in A$ के लिए $(a_1, a_2) \in R$ तथा $(a_2, a_3) \in R$ से $(a_1, a_3) \in R$ प्राप्त हो।

4. **Equivalence (तुल्यता)**

   A relation R in a set A is said to be an Equivalence relation if R is Reflexive, Symmetric and Transitive.

   A पर परिभाषित संबंध R एक तुल्यता संबंध कहलाता है, यदि R स्वतुल्य, सममित तथा संक्रामक है।

Function (फलन):-

A function f from set A to a set B is a rule which associates each elements of a set A to a unique element of set B.

समुच्चय A से समुच्चय B तक फलन f का एक नियम है, जो समुच्चय A के प्रत्येक तत्व को समुच्चय B के एक अद्वितीय तत्व से जोड़ता है।

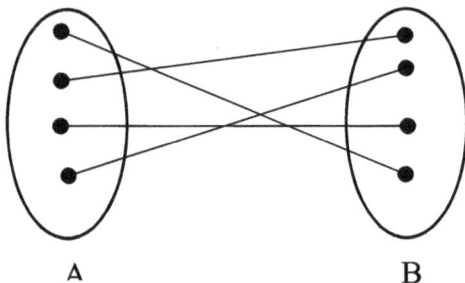

A   B

- ❖ Set A is domain and set B is co-domain of the function respectively.
- ❖ समुच्चय A तथा समुच्चय B फलन के क्रमशः प्रांत तथा सह-प्रांत हैं।
- ❖ Range is the set of all possible resulting value given by the function.
- ❖ परिसर, फलन द्वारा दिए गए संभावित परिणामी मानों का समूह है।

Types of Function (फलन के प्रकार):-

- ❖ **One-one or injective function (एकैकी फलन):-**

  A function $f: X \rightarrow Y$ is defined to be one-one, if the images of distinct elements of X under f are distinct i.e., for every $x_1, x_2 \in X, f(x_1) = f(x_2)$ implies $x_1 = x_2$, otherwise f is called many-one.

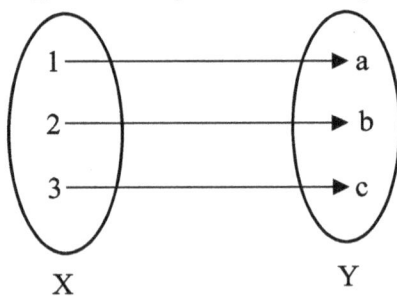

X   Y

एक फलन $f: X \to Y$ एकैकी फलन कहलाता है, यदि f के अंतर्गत X के भिन्न अवयवों के प्रतिबिंब भी भिन्न होते हैं, अर्थात $x_1, x_2 \in X$ के लिए $f(x_1) = f(x_2)$ का तात्पर्य है की $x_1 = x_2$ अन्यथा f एक बहुएक फलन कहलाता है।

- ## Onto function or Surjective function (आच्छादक फलन) :-

    A function $f: X \to Y$ is said to be onto, if every element of Y is the image of some element of X under f, i.e. for every $y \in Y$ there exist an element x in X such that $f(x) = y$.

    फलन $f: X \to Y$ आच्छादक कहलाता है, यदि f के अंतर्गत Y का प्रत्येक अवयव, X के किसी न अवयव का प्रतिबिंब होता है, अर्थात प्रत्येक $y \in Y$ के लिए, X में एक ऐसे अवयव x का अस्तित्व है की $f(x) = y$.

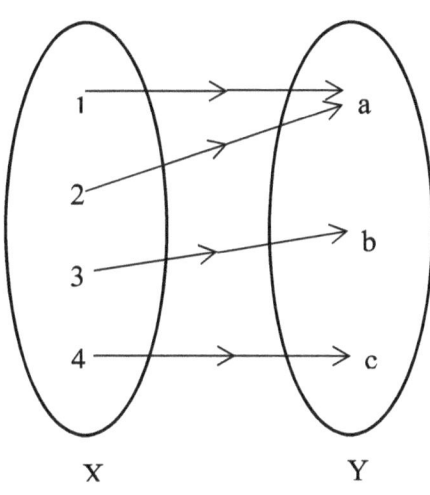

- ## One-one onto or Bijective (एकैकी आच्छादक फलन):-

    A function $f: X \to Y$ is said to be one-one and onto, if f is both one-one and onto.

    एक फलन $f: X \to Y$ एक एकैकी तथा आच्छादक फलन कहलाता है यदि f एकैकी तथा आच्छादक दोनों ही होता है।

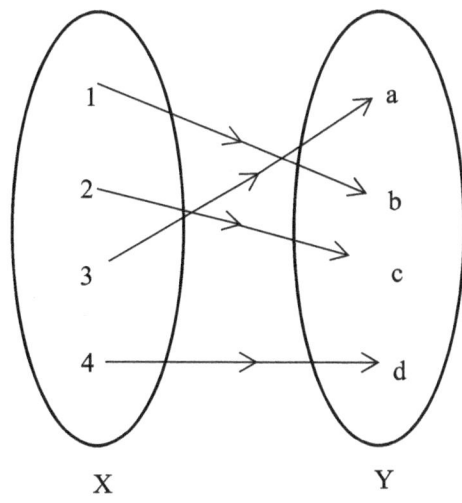

Two functions $f(x)$ and $g(x)$ are given then
दो फलन $f(x)$ तथा $g(x)$ दिए गए हैं तो

$fog\ (x) = f[g(x)]$
$gof\ (x) = g[f(x)]$
$fof\ (x) = f[f(x)]$
$gog\ (x) = g[g(x)]$

Questions:-

1. Show that the relation R in the set Z of integers given by $R = \{(a, b): 2$ divides $(a - b)\}$ is and equivalence relation.
   सिद्ध कीजिए की पूर्णांकों के समुच्चय Z में $R = \{(a, b):$ संख्या $2, (a - b)$ को विभाजित करती है$\}$ द्वारा प्रदत संबंध एक तुलना संबंध है।

2. Show that the relation R in the set R is real number, defined as $R = \{(a, b): a \leq b^2\}$ is neither reflexive not symmetric nor transitive.
   सिद्ध कीजिए की वास्तविक संखयाओं के समुच्चय R में $R = \{(a, b): a \leq b^2\}$ द्वारा परिभाषित संबंध R, ना तो स्वतुल्य है न सममित है और न संक्रामक है।

3. Prove that the relation R in the set of real R defined as $R = \{(a, b): a \geq b\}$ is reflexive and transitive but not symmetric.
   सिद्ध कीजिए की वास्तविक संखयाओं के समुच्चय R में संबंध R जिसे $R = \{(a, b): a \geq b\}$ के रूप में परिभाषित किया गया है, स्वतुल्य तथा संक्रामक है परंतु सममित नहीं है।

4. Show that the function $f: R \to R$ defined as $f(x) = x^2$, neither one-one or onto.
   सिद्ध कीजिए की $f(x) = x^2$ द्वारा परिभाषित फलन $f: R \to R$ न तो एकैकी है और न आच्छादक है।

5. Let $f: R \to R$ defined as $f(x) = x^4$. Choose the correct answer.
   मान लीजिए की $f: R \to R, f(x) = x^4$ द्वारा परिभाषित है। सही उत्तर चयन करें।
   A) f is one-one onto (f एकैकी आच्छादक है)
   B) f is many-one onto (f बहुएक आच्छादक है)
   C) f is one-one but not onto. (f एकैकी है परंतु आच्छादक नही है)
   D) f is neither one-one nor onto. (f न एकैकी है और न आच्छादक है)

   Ans: D

6. Let $A = R - \{3\}$ and $B = R - \{1\}$. Consider the function of $f: A \to B$ defined by $(x) = \left(\frac{x-2}{x-3}\right)$. Is f one-one or onto? Justify your answer.
   मान लीजिए की $A = R - \{3\}$ तथा $B = R - \{1\}$ है। $f(x) = \left(\frac{x-2}{x-3}\right)$ द्वारा परिभाषित फलन $f: A \to B$ पर विचार कीजिए। क्या f एकैकी तथा आच्छादक है? अपने उत्तर का औचित्य भी बताइए।

7. Show that the relation R in the set $A = \{x \in Z : 0 \leq x \leq 12\}$, given by $R = \{(a, b) : |a - b| \text{ is a multiple of } 4\}$

सिद्ध कीजिए की समुच्चय $A = \{x \in Z : 0 \leq x \leq 12\}$, में दिए गए संबंध R में एक तुल्यता संबंध है:

$R = \{(a, b) : |a - b|, 4$ का एक गुणज है$\}$

8. Let R be the relation in the set N given by $R = \{(a, b) : a = b - 2, b > 6\}$. Choose the correct answer.

मान लीजिए की समुच्चय N में, $R = \{(a, b) : a = b - 2, b > 6\}$ द्वारा प्रदत संबंध R है। निम्नलिखित में सही उत्तर चुनिये:

(A) $(2, 4) \in R$ B) $(6, 8) \in R$

(C) $(3, 8) \in R$ (D) $(8, 7) \in R$

Ans = B

9. Show that $f: N \rightarrow N$ given by

$$f(x) = \begin{cases} x + 1, \text{if } x \text{ is odd} \\ x - 1, \text{if } x \text{ is even} \end{cases}$$

is both one-one and onto.

सिद्ध कीजिए की नीचे परिभाषित फलन $f: N \rightarrow N$ एकैकी तथा आच्छादक दोनों हैं

$$f(x) = \begin{cases} x + 1, \text{यदि } x \text{ विषम है} \\ x - 1, \text{यदि } x \text{ सम है} \end{cases}$$

10. Prove that the relation R in the set $\{1,2,3\}$ given by $R = \{(1,2), (2,1)\}$ is symmetric by neither reflexive nor transitive.

सिद्ध कीजिए की समुच्चय$\{1, 2, 3\}$ में $R = \{(1,2), (2,1)\}$ द्वारा प्रदत संबंध R सममित है किन्तु न तो स्वतुल्य है और न संक्रमक है।

11. $A = \{1,2,3\}$, then find the number of equivalence relations containing $(1,2)$

यदि $A = \{1,2,3\}$ है तो अवयव $(1, 2)$ वाले तुल्यता संबंधों की संख्या ज्ञात कीजिए।

Ans = 2

12. If $f: R \rightarrow R, f(x) = (3 - x^3)^{1/3}$, then find $fof(x)$

Ans = x

13. If $f(x) = \frac{3x+4}{5x-7}, f: R - \left\{\frac{7}{5}\right\} \to R - \left\{\frac{3}{5}\right\}$ and $g(x) = \frac{7x+4}{5x-3}, g: R - \left\{\frac{3}{5}\right\} \to R - \left\{\frac{7}{5}\right\}$, then find $gof(x)$

Ans = x

14. A relation R on set $A = \{1, 2, 3, 4, 5\}$ is defined as $R = \{(x, y) | x^2 - y^2| < 8\}$. Check whether the relation R is reflexive, symmetric and transitive.

समुच्चय $A = \{1, 2, 3, 4, 5\}$ में एक संबंध $R = \{(x, y) | x^2 - y^2| < 8\}$ द्वारा परिभाषित है। जांच कीजिए कि क्या यह संबंध R स्वतुल्य, सममित और संक्रामक है।

Chapter 2
Inverse Trigonometric Function
(प्रतिलोम त्रिकोणमितिए फलन)

❖ Important Formulas (महत्वपूर्ण सूत्र) :-

- $\sin^{-1}(-\theta) = -\sin^{-1}\theta$
- $\cos^{-1}(-\theta) = \pi - \cos^{-1}\theta$
- $\tan^{-1}(-\theta) = -\tan^{-1}\theta$
- $\cot^{-1}(-\theta) = \pi - \cot^{-1}\theta$
- $\sec^{-1}(-\theta) = \pi - \sec^{-1}\theta$
- $\csc^{-1}(-\theta) = -\csc^{-1}\theta$
- $\sin^{-1}x + \cos^{-1}x = \frac{\pi}{2}$
- $\tan^{-1}x + \cot^{-1}x = \frac{\pi}{2}$
- $\sec^{-1}x + \csc^{-1}x = \frac{\pi}{2}$
- $\sin^{-1}x \pm \sin^{-1}y = \sin^{-1}\left(x\sqrt{1-y^2} \pm y\sqrt{1-x^2}\right)$
- $\cos^{-1}x \pm \cos^{-1}y = \cos^{-1}\left(xy \mp \sqrt{1-x^2}\sqrt{1-y^2}\right)$
- $\tan^{-1}x \pm \tan^{-1}y = \tan^{-1}\left(\frac{x \pm y}{1 \mp xy}\right)$
- $\tan^{-1}x + \tan^{-1}y + \tan^{-1}z = \tan^{-1}\left(\frac{x+y+z-xyz}{1-xy-yz-zx}\right)$
- $2\sin^{-1}x = \sin^{-1}\left(2x\sqrt{1-x^2}\right)$
- $2\cos^{-1}x = \cos^{-1}(2x^2-1)$
- $3\sin^{-1}x = \sin^{-1}(3x-4x^3)$
- $3\cos^{-1}x = \cos^{-1}(4x^3-3x)$
- $2\tan^{-1}x = \tan^{-1}\left(\frac{2x}{1-x^2}\right) = \sin^{-1}\left(\frac{2x}{1+x^2}\right) = \cos^{-1}\left(\frac{1-x^2}{1+x^2}\right)$
- $3\tan^{-1}x = \tan^{-1}\left(\frac{3x-x^3}{1-3x^2}\right)$
- $\sin 2\theta = 2\sin\theta\cos\theta = \frac{2\tan\theta}{1+(\tan\theta)^2}$
- $\cos 2\theta = 2cos^2\theta - 1 = 1 - 2\sin^2\theta = \frac{1-(\tan\theta)^2}{1+(\tan\theta)^2} = \cos^2\theta - \sin^2\theta$
- $\tan 2\theta = \frac{2\tan\theta}{1-(\tan\theta)^2}$

- $\sin 3\theta = 3\sin\theta - \sin^3\theta$
- $\cos 3\theta = 4\cos^3\theta - 3\cos\theta$
- $\tan 3\theta = \frac{3\tan\theta - (\tan\theta)^3}{1 - 3(\tan\theta)^2}$
- $\sin^2\theta + \cos^2\theta = 1$
- $1 + \tan^2\theta = \sec^2\theta$
- $1 + \cot^2\theta = \text{cosec}^2\theta$
- $\sin(A \pm B) = \sin A \cos B \pm \cos A \sin B$
- $\cos(A \pm B) = \cos A \cos B \mp \sin A \sin B$
- $\tan(A \pm B) = \frac{\tan A \pm \tan B}{1 \mp \tan A \tan B}$

❖ Domain (प्रान्त) and Range(परिसर) of Inverse Trigonometric Functions:-

Functions(फलन) ↓	Domain(प्रान्त) ↓	Range(परिसर) ↓
$\sin^{-1} x$	$[-1,1]$	$\left[-\frac{\pi}{2}, \frac{\pi}{2}\right]$
$\cos^{-1} x$	$[-1,1]$	$[0, \pi]$
$\tan^{-1} x$	R	$\left(-\frac{\pi}{2}, \frac{\pi}{2}\right)$
$\cot^{-1} x$	R	$(0, \pi)$
$\sec^{-1} x$	$R-(-1,1)$	$[0, \pi] - \left\{\frac{\pi}{2}\right\}$
$\csc^{-1} x$	$R-(-1,1)$	$\left[-\frac{\pi}{2}, \frac{\pi}{2}\right] - \{0\}$

❖ Questions:-

1. Find the principal value (मुख्य मान)

i. $\text{cosec}^{-1}(-\sqrt{2})$ Ans.= $-\frac{\pi}{4}$

ii. $\cos^{-1}(\cos(-680°))$ Ans.= $\frac{2\pi}{9}$

2. Find the value of $\cos^{-1}\left(\frac{1}{2}\right) + 2\sin^{-1}\left(\frac{1}{2}\right)$ Ans.= $\frac{2\pi}{3}$

3. Find the value of following-

a) $\cos^{-1}\left(\cos\frac{13\pi}{6}\right)$ Ans.= $\frac{\pi}{6}$

b) $\tan^{-1}\left(\tan\frac{3\pi}{4}\right)$ Ans.= $-\frac{\pi}{4}$

c) $\cos^{-1}\left(\cos\frac{7\pi}{6}\right)$ Ans.= $\frac{5\pi}{6}$

d) $\sin^{-1}\left(\sin\frac{2\pi}{3}\right)$ Ans.= $\frac{\pi}{3}$

4. Prove that: $\tan^{-1}(\sqrt{x}) = \frac{1}{2}\cos^{-1}\left(\frac{1-x}{1+x}\right)$, $x \in [0,1]$

5. Write the functions in the simplest form:

निम्नलिखित फलनों को सरलतम रूप में लिखिए –

a) $\tan^{-1}\left(\frac{\sqrt{1+x^2}-1}{x}\right)$, $x \neq 0$ Ans.= $\frac{1}{2}\tan^{-1}x$

b) $\tan^{-1}\left(\sqrt{\frac{1-\cos x}{1+\cos x}}\right)$, $x < \pi$ Ans.= $\frac{x}{2}$

c) $\tan^{-1}\left(\frac{\cos x - \sin x}{\cos x + \sin x}\right)$, $0 < x < \pi$ Ans.= $\frac{\pi}{4} - x$

6. Find : $\sin\left(\frac{\pi}{3} + \sin^{-1}\left(-\frac{1}{2}\right)\right)$ Ans.= $\frac{1}{2}$

7. Find : $\tan^{-1}\left(\frac{x}{y}\right) - \tan^{-1}\left(\frac{x-y}{x+y}\right)$

a) $\frac{\pi}{2}$ b) $\frac{\pi}{3}$ c) $\frac{\pi}{4}$ d) $-\frac{3\pi}{4}$

Ans.= c

8. Find the value of $\sec^{-1}(-2) - \sec^{-1}\left(\frac{1}{2}\right)$

Ans.= $\frac{\pi}{2}$

9. Solve : $\sin^{-1}x + \sin^{-1}2x = \frac{\pi}{3}$

Ans.= $\frac{1}{2}\sqrt{\frac{3}{7}}$

10. Prove that : $2\tan^{-1}\frac{1}{2} + \tan^{-1}\frac{1}{7} = \tan^{-1}\frac{31}{17}$

11. Find the value of x. $\tan^{-1}\left(\frac{x-1}{x-2}\right) + \tan^{-1}\left(\frac{x+1}{x+2}\right) = \frac{\pi}{4}$

Ans.= $\pm \frac{1}{\sqrt{2}}$

12. Prove that : $\cos\left(\sin^{-1}\frac{3}{5} + \cot^{-1}\frac{3}{2}\right) = \frac{6}{5\sqrt{13}}$

13. Find the value of $\cos\left[\frac{\pi}{2} + \sin^{-1}\left(\frac{1}{3}\right)\right]$ Ans.= $-\frac{1}{3}$

14. Find the value of $2\tan(\tan^{-1}x + \tan^{-1}x^3)$ Ans.= $\frac{2x}{1-x^2}$

15. Prove that : $\tan^{-1}\left(\frac{\cos x}{1+\sin x}\right) = \frac{\pi}{4} - \frac{x}{2}, x \in \left(-\frac{\pi}{2}, \frac{\pi}{2}\right)$

16. Prove that : $\tan^{-1}\sqrt{x} = \frac{1}{2}\cos^{-1}\left(\frac{1-x}{1+x}\right), x \in [0,1]$

17. Prove that : $\cos[\tan^{-1}\{\sin(\cot^{-1}x)\}] = \sqrt{\frac{1+x^2}{2+x^2}}$

18. Prove that :
$\tan^{-1}\left(\frac{\sqrt{1+x}-\sqrt{1-x}}{\sqrt{1+x}+\sqrt{1-x}}\right) = \frac{\pi}{4} - \frac{1}{2}\cos^{-1}x, -\frac{1}{\sqrt{2}} \leq x \leq 1$

19. Find the value of x : $\cos(2\sin^{-1}x) = \frac{1}{9}, x>0$ Ans.= $\frac{2}{3}$

20. Write the simplest form (सरलतम रूप) : $\tan^{-1}\sqrt{\frac{a-x}{a+x}}$ Ans.= $\frac{1}{2}\cos^{-1}\frac{x}{a}$

21. Prove that : $\frac{1}{2}\tan^{-1}x = \cos^{-1}\left\{\frac{1+\sqrt{1+x^2}}{2\sqrt{1+x^2}}\right\}^{\frac{1}{2}}$

22. Solve the following equestion:
निम्न समीकरण को हल कीजिये :

$2\tan^{-1}(\sin x) = \tan^{-1}(2\sec x), 0 < x < \frac{\pi}{2}$

Ans.= $\frac{\pi}{4}$

23. Prove that : $\sin^{-1}\frac{8}{17} + \sin^{-1}\frac{3}{5} = \tan^{-1}\frac{77}{36}$

24. If $\sin\left(\sin^{-1}\frac{1}{5} + \cos^{-1}x\right) = 1$, then find the value of x.

यदि $\sin\left(\sin^{-1}\frac{1}{5} + \cos^{-1}x\right) = 1$, तो x का मान ज्ञात कीजिये

Ans.= $\frac{1}{5}$

25. If $\tan^{-1}(1+x) + \tan^{-1}(1-x) = \frac{\pi}{6}$, then prove that $x^2 = 2\sqrt{3}$

यदि $\tan^{-1}(1+x) + \tan^{-1}(1-x) = \frac{\pi}{6}$, तो सिद्ध कीजिये $x^2 = 2\sqrt{3}$

Chapter 3
Matrix
(आव्यूह)

❖ **Some Important Types Of Matrix (आव्यूह के कुछ महत्वपूर्ण प्रकार) :-**

- Row Matrix (पंक्ति आव्यूह):- If a matrix has only one row then it is called a row matrix.
  किसी आव्यूह में यदि केवल एक ही पंक्ति हो तो उसे पंक्ति आव्यूह कहते हैं जैसे– A= $\begin{bmatrix} 1 & 3 & 5 \end{bmatrix}_{1\times 3}$
- Column Matrix(स्तम्भ आव्यूह):- If a matrix has only one column then it is called a row matrix.
  किसी आव्यूह में यदि केवल एक ही स्तम्भ हो तो उसे स्तम्भ आव्यूह कहते हैं. जैसे- A= $\begin{bmatrix} 1 \\ 4 \\ 2 \end{bmatrix}_{3\times 1}$
- Zero Matrix(शून्य आव्यूह):- A matrix whose every element is zero is called a zero matrix and is denoted by 0.
  एक ऐसा आव्यूह जिसका प्रत्येक अवयव शून्य हो,उसे शून्य आव्यूह कहते हैं और इसे 0 से व्यक्त करते हैं.
  जैसे- A= $\begin{bmatrix} 0 & 0 & 0 \\ 0 & 0 & 0 \end{bmatrix}_{2\times 3}$ =0
- Square Matrix(वर्ग आव्यूह):- A matrix which has equal number of rows and columns is called a squre matrix.
  एक ऐसा आव्यूह जिसमें पंक्तियों की संख्या और स्तम्भों की संख्या बराबर हो, उसे वर्ग आव्यूह कहते हैं
  जैसे- A= $\begin{bmatrix} 3 & 1 \\ 2 & 4 \end{bmatrix}_{2\times 2}$
- Diagonal Matrix(विकर्ण आव्यूह):- A square matrix whose all elements except the elements on the main diagonal are zero is called a diagonal matrix.
  एक वर्ग आव्यूह जिसके मुख्य विकर्ण के अवयवों को छोडकर शेष सभी अवयव शून्य हो,उसे विकर्ण आव्यूह कहते हैं
  जैसे- A= $\begin{bmatrix} 3 & 0 & 0 \\ 0 & 4 & 0 \\ 0 & 0 & 1 \end{bmatrix}_{3\times 3}$
- Unit or Identity Matrix (इकाई आव्यूह):- A square matrix in which all the elements of the main diagonal are equal to one(1) is called a unit or identity matrix.

एक ऐसा वर्ग आव्यूह जिसमें मुख्य विकर्ण के सभी अवयव एक(1) के बराबर हो,उसे इकाई आव्यूह कहते हैं

जैसे-$A = \begin{bmatrix} 1 & 0 & 0 \\ 0 & 1 & 0 \\ 0 & 0 & 1 \end{bmatrix}_{3\times 3}$

- Scalar Matrix (अदिश आव्यूह):- A square matrix whose all elements on the main diagonal are equal is called a scalar matrix.

एक ऐसा वर्ग आव्यूह जिसके मुख्य विकर्ण के सभी अवयव समान हो ,अदिश आव्यूह कहलाता है

जैसे-$A = \begin{bmatrix} a & 0 & 0 \\ 0 & a & 0 \\ 0 & 0 & a \end{bmatrix}_{3\times 3}$, $B = \begin{bmatrix} -1 & 0 \\ 0 & -1 \end{bmatrix}_{2\times 2}$

❖ **Operations on matrix(आव्यूह पर संक्रियाएं) :-**

- Addition (योग):- When two matrices A and B are of the same order then we can sum the two matrices which is represented as $A + B$.
So if $A = [a_{ij}]_{m\times n}$ and $B = [b_{ij}]_{m\times n}$

जब दो आव्यूह A और B एक ही क्रम की हो, तो दोनों आव्यूह का योग कर सकते हैं जिसे $A + B$ से व्यक्त करते हैं

अत: यदि $A = [a_{ij}]_{m\times n}$ तथा $B = [b_{ij}]_{m\times n}$

जैसे- $A = \begin{bmatrix} a_{11} & a_{12} \\ a_{21} & a_{22} \end{bmatrix}_{2\times 2}$ $B = \begin{bmatrix} b_{11} & b_{12} \\ b_{21} & b_{22} \end{bmatrix}_{2\times 2}$

$A + B = \begin{bmatrix} a_{11} & a_{12} \\ a_{21} & a_{22} \end{bmatrix}_{2\times 2} + \begin{bmatrix} b_{11} & b_{12} \\ b_{21} & b_{22} \end{bmatrix}_{2\times 2} = \begin{bmatrix} a_{11} + b_{11} & a_{12} + b_{12} \\ a_{21} + b_{21} & a_{22} + b_{22} \end{bmatrix}_{2\times 2}$

- Subtraction (व्यवकलन/घटा):- When two matrices A and B are of the same order then the two matrices can be subtracted which is represented as $A + B$.
So if $A = [a_{ij}]_{m\times n}$ and $B = [b_{ij}]_{m\times n}$

जब दो आव्यूह A और B एक ही क्रम की हो, तो दोनों आव्यूह का व्यवकलन/घटा कर सकते हैं जिसे $A - B$ से व्यक्त करते हैं

अत: यदि $A = [a_{ij}]_{m\times n}$ तथा $B = [b_{ij}]_{m\times n}$

जैसे- $A = \begin{bmatrix} a_{11} & a_{12} \\ a_{21} & a_{22} \end{bmatrix}_{2\times 2}$ $B = \begin{bmatrix} b_{11} & b_{12} \\ b_{21} & b_{22} \end{bmatrix}_{2\times 2}$

$A-B = \begin{bmatrix} a_{11} & a_{12} \\ a_{21} & a_{22} \end{bmatrix}_{2\times 2} - \begin{bmatrix} b_{11} & b_{12} \\ b_{21} & b_{22} \end{bmatrix}_{2\times 2} = \begin{bmatrix} a_{11} - b_{11} & a_{12} - b_{12} \\ a_{21} - b_{21} & a_{22} - b_{22} \end{bmatrix}_{2\times 2}$

- Multiplication (गुणन):- Two matrices can be multip;ied only if the number of columns of matrix A is equal to the number of rows of matrix B.

  So if $A = [a_{ij}]_{m \times p}$ and $B = [b_{ij}]_{p \times n}$

  Order of $AB = [m * p][p * n] = [m * n]$

  दो आव्यूह को केवल तभी गुणा किया जा सकता है जब आव्यूह A के स्तम्भों की संख्या आव्यूह B की पंक्तियों की संख्या के बराबर हो

  अत: यदि $A = [a_{ij}]_{m \times p}$ तथा $B = [b_{ij}]_{p \times n}$

  AB का क्रम $= [m * p][p * n] = [m * n]$

  जैसे- $A = \begin{bmatrix} a_{11} & a_{12} \\ a_{21} & a_{22} \end{bmatrix}_{2 \times 2}$ $B = \begin{bmatrix} b_{11} & b_{12} & b_{13} \\ b_{21} & b_{22} & b_{23} \end{bmatrix}_{2 \times 3}$

  $AB = \begin{bmatrix} a_{11} & a_{12} \\ a_{21} & a_{22} \end{bmatrix} \begin{bmatrix} b_{11} & b_{12} & b_{13} \\ b_{21} & b_{22} & b_{23} \end{bmatrix}$

  $= \begin{bmatrix} a_{11}b_{11} + a_{12}b_{21} & a_{11}b_{12} + a_{12}b_{22} & a_{11}b_{13} + a_{12}b_{23} \\ a_{21}b_{11} + a_{22}b_{21} & a_{21}b_{12} + a_{22}b_{22} & a_{21}b_{13} + a_{22}b_{23} \end{bmatrix}_{2 \times 3}$

❖ **Transpose of a matrix (परिवर्त आव्यूह) :-**

If the rows and columns of a matrix A are interchanged,the new matrix thus ibtained is called the transpose matrix of the orignal matrix A and denote it as A' or A^T.

यदि किसी आव्यूह A की पंक्तियों और स्तम्भों को परस्पर बदल दिया जाये तो इस प्रकार प्राप्त नए आव्यूह को मूल आव्यूह A का परिवर्त आव्यूह कहते हैं और इसे A' या A^T से निरुपित करते हैं

$A = [a_{ij}]_{m \times n}$ $A^T = [a_{ij}]_{n \times m}$

❖ Properties of transpose matrix (परिवर्त आव्यूह के गुणधर्म) :-
❖ Symmetric matrix (सममित आव्यूह) :-

A square matrix A is called a symetric matrix if and only if $A^T = A$ or $a_{ij} = a_{ji}$, where A^T is the transpose matrix of A.

एक वर्ग आव्यूह A सममित आव्यूह कहलाता है ,यदि और केवल यदि $A^T = A$ या $a_{ij} = a_{ji}$, जहाँ A^T , A की परिवर्त आव्यूह हैं

Ex.- $\begin{bmatrix} 6 & 3 & 1 \\ 3 & 4 & 2 \\ 1 & 2 & 5 \end{bmatrix}$

- **Skew-symmetric matrix (विषम सममित आव्यूह) :-**
  A square matrix A is called a skew-symmetric matrix if and only if $A^T = -A$ or $a_{ij} = -a_{ji}$,when $i \neq j$ and $a_{ij} = 0$ when $i = j$
  एक वर्ग आव्यूह A, विषम सममित आव्यूह कहलाता है यदि और केवल यदि $A^T = -A$ या $a_{ij} = -a_{ji}$,जब $i \neq j$ और $a_{ij} = 0$ जब $i = j$

  Ex.- $\begin{bmatrix} 0 & c & -a \\ -c & 0 & b \\ a & -b & 0 \end{bmatrix}$

> Note:-
1. If A is a square matrix then-
   i. $(A + A^T)$ is a symmetric (सममित) matrix.
   ii. $(A - A^T)$ is a skewsymmetric (विषमसममित) matrix.
   iii. $A.A^T$ and $A^T.A$ are symmetric (सममित) matrix.
2. If two matrices A and B are optimized for addition and multiplication then –
   i. $(A \pm B)^T = A^T \pm B^T$
   ii. $(kA)^T = kA^T$
   iii. $(AB)^T = B^T A^T$
   iv. Every square matrix can be written as the sum of symmetric and skew-symmetric matrix in only are way,which is a follows:
   प्रत्येक वर्ग आव्यूह को एक सममित एवं विषम सममित आव्यूह के योग के रूप में सिर्फ एक ही तरीके से लिखा जा सकता है जो निम्न प्रकार है-
   $A = \frac{1}{2}(A + A^T) + \frac{1}{2}(A - A^T)$

❖ Questions:-

1. Find the value of A if
   A का मान ज्ञात कीजिये जब
   $A + B = \begin{bmatrix} 5 & 2 \\ 0 & 9 \end{bmatrix}, A - B = \begin{bmatrix} -3 & -6 \\ 4 & -1 \end{bmatrix}$

   Ans. $= \begin{bmatrix} 1 & -2 \\ 2 & 4 \end{bmatrix}$

2. If $A = \begin{bmatrix} 1 & 2 & 3 \end{bmatrix}$ and $B = \begin{bmatrix} 1 \\ 2 \\ 3 \end{bmatrix}$ then find $(AB)^T$.

   Ans.$= [14]$

3. If $\begin{bmatrix} x+y & 2 \\ 5 & xy \end{bmatrix} = \begin{bmatrix} 6 & 2 \\ 5 & 8 \end{bmatrix}$, then find x and y.

   Ans. $x = 4, 2 \quad y = 2, 4$

4. If A and B are two matrices of the order $3 \times m$ and $3 \times n$, respectively, and $m = n$, then the order of matrix $(5A - 2B)$ is:
   यदि A और B क्रमशः $3 \times m$ और $3 \times n$ क्रम के दो आव्यूह हैं, और $m = n$ है, तो आव्यूह $(5A - 2B)$ का क्रम क्या है?
   a) $m \times 3$ b) $m \times n$ c) 3×3 d) $3 \times n$

   Ans.= d

5. If $\begin{bmatrix} x & -5 & -1 \end{bmatrix} \begin{bmatrix} 1 & 0 & 2 \\ 0 & 2 & 1 \\ 2 & 0 & 3 \end{bmatrix} \begin{bmatrix} x \\ 4 \\ 1 \end{bmatrix} = 0$, then find x.

   Ans. $x = 4\sqrt{3}$

6. If $A = \begin{bmatrix} a & c & -1 \\ b & 0 & 5 \\ 1 & -5 & 0 \end{bmatrix}$ is a skew symmetric matrix (विषम सममित आव्यूह), then find the value of $2a - (b + c)$.

   Ans.= 0

7. Show that the matrix $B'AB$ is symmetric or skew symmetric according as A is symmetric or skew symmetric.
   सिद्ध कीजिये की आव्यूह $B'AB$ सममित अथवा विषम सममित है यदि A सममित अथवा विषम सममित है.

8. If a matrix has 10 elements, find the possible orders of the matrix.
   यदि किसी आव्यूह में 10 अवयव है, तो आव्यूह का सम्भावित क्रम ज्ञात कीजिये.

   Ans.= 1×10 , 2×5 , 5×2 , 10×1

9. If $A = \begin{bmatrix} 3 & 4 \\ -2 & -2 \end{bmatrix}$ and $A^2 = kA - 2I_2$, then find the value of k.

   Ans. $K = 1$

10. If $\begin{bmatrix} x+y+z \\ x+z \\ y+z \end{bmatrix} = \begin{bmatrix} 9 \\ 5 \\ 7 \end{bmatrix}$, then find x.

    Ans. $x = 2$

11. If A and B are symmetric matrix, prove that $AB - BA$ is a skew symmetric matrix.
    यदि A तथा B सममित आव्यूह है तो सिद्ध कीजिये की $AB - BA$ एक विषम सममित आव्यूह है.

12. If A is square matrix such that $A^2 = A$, then $(I + A)^3 - 7A$ is equal to
    यदि A एक वर्ग आव्यूह इस प्रकार है कि $A^2 = A$, तो $(I + A)^3 - 7A$ बराबर है:
    a) A b) $I - A$ c) I d) $3A$

    Ans.= c

13. If the order of a matrix is $m \times n$, then the number of elements it are-
    यदि किसी आव्यूह का क्रम $m \times n$ है, तो इसमें अवयवों की संख्या कितनी है-
    a) m b) n c) mn d) $m - n$

    Ans.= c

14. Find the value of x and y from the following equation:
    निम्नलिखित समीकरण से x और y के मान ज्ञात कीजिये-

    $2\begin{bmatrix} x & 5 \\ 7 & y-3 \end{bmatrix} + \begin{bmatrix} 3 & -4 \\ 1 & 2 \end{bmatrix} = \begin{bmatrix} 7 & 6 \\ 15 & 14 \end{bmatrix}$

    Ans.= $x = 2, y = 9$

15. If the matrix A is both symmetric and skew symmetric, then
    यदि एक मैट्रिक्स A सममित तथा विषम सममित दोनों हो तो:
    a) A is a diagonal matrix (विकर्ण आव्यूह)
    b) A is a zero matrix (शून्य आव्यूह)
    c) A is a square matrix (वर्ग आव्यूह)
    d)   None Of These (इनमे से कोई नहीं)

Ans.= b

16. If $A = \begin{bmatrix} \sin\alpha & \cos\alpha \\ -\cos\alpha & \sin\alpha \end{bmatrix}$, then verify that $A'A = I$

17. Construct a 2×2 matrix, $A = [a_{ij}]$ whose elements are given by $[a_{ij}] = |-5i + 2j|$.

    एक 2×2 आव्यूह का निर्माण करें, $A = [a_{ij}]$ जिसके अवयव $[a_{ij}] = |-5i + 2j|$ द्वारा दिए गये हैं.

    Ans. $= \begin{bmatrix} 3 & 1 \\ 8 & 6 \end{bmatrix}$

18. $A = [a_{ij}]_{m \times n}$ is a square matrix(वर्ग मैट्रिक्स) if

    a) $m < n$ b) $m > n$ c) $m = n$ d) NOT

    Ans.= c

19. The number of all possible matrices of order 3×3 with each entry 0 or 1 is:

    3×3 कोटि की ऐसे आव्यूह की कुल संख्या कितनी होगी जिनकी प्रत्येक प्रविष्टी 0 या 1 है?

    a) 27   b) 18   c) 81   d) 512

    Ans.= d

20. Find X and Y, if $X + Y = \begin{bmatrix} 5 & 2 \\ 0 & 9 \end{bmatrix}$ and $X - Y = \begin{bmatrix} -3 & -6 \\ 4 & -1 \end{bmatrix}$

    $X = \begin{bmatrix} 1 & -2 \\ 2 & 4 \end{bmatrix}, Y = \begin{bmatrix} 4 & 4 \\ -2 & 5 \end{bmatrix}$

21. Find $A^2 - 5A + 6I$, if $A = \begin{bmatrix} 2 & 0 & 1 \\ 2 & 1 & 3 \\ 1 & -1 & 0 \end{bmatrix}$

    Ans.= $\begin{bmatrix} 1 & -1 & -3 \\ -1 & -1 & -10 \\ -5 & 4 & 4 \end{bmatrix}$

22. If A, B are symmetric matrices of same order, then $AB - BA$ is a

    यदि A तथा B समान कोटि की सममित आव्यूह है तो $AB - BA$ एक

    a)   Skew-symmetric matrix (विषम सममित आव्यूह)
    b)   Symmetric matrix (सममित आव्यूह)
    c)   Zero matrix (शून्य आव्यूह)
    d)   Identity matrix (तत्समक आव्यूह)

    Ans.= a

23. If $A = \begin{bmatrix} \cos\alpha & -\sin\alpha \\ \sin\alpha & \cos\alpha \end{bmatrix}$, and $A + A' = I$, then the value of α is

   a) $\frac{\pi}{6}$ b) $\frac{\pi}{3}$ c) π d) $\frac{3\pi}{2}$

   Ans.= b

24. Find the matrix X so that $X \begin{bmatrix} 1 & 2 & 3 \\ 4 & 5 & 6 \end{bmatrix} = \begin{bmatrix} -7 & -8 & -9 \\ 2 & 4 & 6 \end{bmatrix}$

   Ans. $X = \begin{bmatrix} 1 & -2 \\ 2 & 0 \end{bmatrix}$

25. If $A = \begin{bmatrix} 0 & -\tan\frac{\alpha}{2} \\ \tan\frac{\alpha}{2} & 0 \end{bmatrix}$ and $I = \begin{bmatrix} 1 & 0 \\ 0 & 1 \end{bmatrix}$ then prove that $I + A = (I - A) \begin{bmatrix} \cos\alpha & -\sin\alpha \\ \sin\alpha & \cos\alpha \end{bmatrix}$

26. Simplify(सरल कीजिये): $\cos\theta \begin{bmatrix} \cos\theta & \sin\theta \\ -\sin\theta & \cos\theta \end{bmatrix} + \sin\theta \begin{bmatrix} \sin\theta & -\cos\theta \\ \cos\theta & \sin\theta \end{bmatrix}$

   Ans.= $\begin{bmatrix} 1 & 0 \\ 0 & 1 \end{bmatrix}$

27. Let(माना) $A = \begin{bmatrix} 2 & -1 \\ 3 & 4 \end{bmatrix}$, $B = \begin{bmatrix} 5 & 2 \\ 7 & 4 \end{bmatrix}$, $C = \begin{bmatrix} 2 & 5 \\ 3 & 8 \end{bmatrix}$, find a matrix D, such that (दिया है) $CD - AB = 0$.

   Ans. $D = \begin{bmatrix} -191 & -110 \\ 77 & 44 \end{bmatrix}$

28. Express the following matrix as the sum of a symmetric and skew-symmetric matrix and verify your result:
   निम्नलिखित आव्यूह को सममित और विषम सममित आव्यूह के योग के रूप में व्यक्त करें और अपने परिणाम को सत्यापित करें:

   $A = \begin{bmatrix} 3 & -2 & -4 \\ 3 & -2 & -5 \\ -1 & 1 & 2 \end{bmatrix}$

   Ans.= $\begin{bmatrix} 3 & -2 & -4 \\ 3 & -2 & -5 \\ -1 & 1 & 2 \end{bmatrix} = A$

Chapter 4
Determinants
(सारणिक)

- ❖ Important Notes (महत्वपूर्ण लेख):-
- ➤ Determinant (सारणिक):-
  Let $A = [a_{ij}]$ be a square matrix of order n, then a unique number $|a_{ij}|$, is called a determinant of a matrix A and called a determinant A or $|A|$ or Δ as well.
  माना $A = [a_{ij}]$ एक n क्रम का एक वर्ग आव्यूह है, तब एक अद्वित्य संख्या $|a_{ij}|$, आव्यूह A की सारणिक कहलाती है, और इसे सारणिक A या $|A|$ या Δ से भी प्रकट करते हैं.
- ➤ Adjoint of a square matrix (वर्ग आव्यूह का सहखन्डज):-
  $$adj(A) = [A_{ij}]^T = A_{ij}$$
- ➤ Minor and Co-factors of determinant (सारणिक के उपसारणिक और सहखंड):-

  For example : $A = \begin{bmatrix} a_1 & b_1 & c_1 \\ a_2 & b_2 & c_2 \\ a_3 & b_3 & c_3 \end{bmatrix}$

  then (तब) $|A| = \begin{vmatrix} a_1 & b_1 & c_1 \\ a_2 & b_2 & c_2 \\ a_3 & b_3 & c_3 \end{vmatrix}$

  Minor (उपसारणिक):- Co-factor (सहखंड):-

  $A_{ij} = (-1)^{i+j} . M_{ij}$ $(i + j) \to$ even(सम) $= A_{ij}$

  $(i + j) \to$ odd(विषम) $= -A_{ij}$

  $M_{11} = \begin{vmatrix} b_2 & c_2 \\ b_3 & c_3 \end{vmatrix} = b_2 c_3 - c_2 b_3 \; A_{ij} \; M_{12} = \begin{vmatrix} a_2 & c_2 \\ a_3 & c_3 \end{vmatrix} = a_2 c_3 - c_2 a_3 - A_{ij}$

  $M_{13} = \begin{vmatrix} a_2 & b_2 \\ a_3 & b_3 \end{vmatrix} = a_2 b_3 - b_2 a_3 \; A_{ij}$

  $M_{21} = \begin{vmatrix} b_1 & c_1 \\ b_3 & c_3 \end{vmatrix} = b_1 c_3 - c_1 b_3 \; -A_{ij}$

  $M_{22} = \begin{vmatrix} a_1 & c_1 \\ a_3 & c_3 \end{vmatrix} = a_1 c_3 - c_1 a_3 \; A_{ij}$

$$M_{23} = \begin{vmatrix} a_1 & b_1 \\ a_3 & b_3 \end{vmatrix} = a_1 b_3 - b_1 a_3 - A_{ij}$$

$$M_{31} = \begin{vmatrix} b_1 & c_1 \\ b_2 & c_2 \end{vmatrix} = b_1 c_2 - c_1 b_2 \; A_{ij}$$

$$M_{32} = \begin{vmatrix} a_1 & c_1 \\ a_2 & c_2 \end{vmatrix} = a_1 c_2 - c_1 a_2 - A_{ij}$$

$$M_{33} = \begin{vmatrix} a_1 & b_1 \\ a_2 & b_2 \end{vmatrix} = a_1 b_2 - b_1 a_2 \; A_{ij}$$

➤ Inverse of a matrix (आव्यूह का व्युत्क्रम):-
  $A^{-1} = \frac{adjA}{|A|}, A \neq 0$

Note:-
i. A square matrix A is said to be singular if $|A| = 0$
   एक वर्ग आव्यूह A अव्युत्क्रमणीय कहलाता है यदि $|A| = 0$
ii. A square matrix A is said to be non-singular/invertible if $|A| \neq 0$
    एक वर्ग आव्यूह A व्युत्क्रमणीय कहलाता है यदि $|A| \neq 0$
    $A.A^{-1} = A^{-1}.A = I \; A(adjA) = |A|$
    $|A.A^{-1}| = |I| = I \; adj(adjA) = |A|^{n-2} A \; ; n = $ order(कोटि)
    $(A^{-1})^{-1} = A \; |kA| = k^n |A| \; ; n = $ order(कोटि)
    $(A^{-1})^T = I = (A^T)^{-1} \; |adjA| = |A|^{n-1}; n = $ order(कोटि)

➤ **Area of a Tringle (त्रिभुज का क्षेत्रफल):-**
» If a tringle whose vertices are $(x_1, y_1), (x_2, y_2)$ and (x_3, y_3) then its area –
यदि एक त्रिभुज जिसके शीर्ष बिंदु $(x_1, y_1), (x_2, y_2)$ तथा (x_3, y_3) हो तो उसका क्षेत्रफल
$$= \frac{1}{2} \begin{vmatrix} x_1 & y_1 & 1 \\ x_2 & y_2 & 1 \\ x_3 & y_3 & 1 \end{vmatrix}$$

» Equation of a straight line passing through two points (x_1, y_1) and (x_2, y_2)) –
दो बिन्दुओं (x_1, y_1) तथा (x_2, y_2) से गुजरने वाली सरल रेखा का समीकरण –
$$\begin{vmatrix} x_1 & y_1 & 1 \\ x_2 & y_2 & 1 \\ x_3 & y_3 & 1 \end{vmatrix} = 0$$

➤ Solution of linear equation (रैखिक निकाय का हल):-
  By Matrix method (आव्यूह विधि) -

Let (माना)

$$a_{11}x + a_{12}y + a_{13}z = b_1$$
$$a_{21}x + a_{22}y + a_{23}z = b_2$$
$$a_{31}x + a_{32}y + a_{33}z = b_3$$

We can write this system of equations in matrix from as follow –

इस समीकरण निकाय को हम आव्यूह रूप में निम्न प्रकार लिख सकते हैं –

$$\begin{bmatrix} a_{11} & a_{12} & a_{13} \\ a_{21} & a_{22} & a_{23} \\ a_{31} & a_{32} & a_{33} \end{bmatrix} \begin{bmatrix} x \\ y \\ z \end{bmatrix} = \begin{bmatrix} b_1 \\ b_2 \\ b_3 \end{bmatrix}$$

$$AX = B$$

Where(जहाँ)

$$A = \begin{bmatrix} a_{11} & a_{12} & a_{13} \\ a_{21} & a_{22} & a_{23} \\ a_{31} & a_{32} & a_{33} \end{bmatrix}, X = \begin{bmatrix} x \\ y \\ z \end{bmatrix}, B = \begin{bmatrix} b_1 \\ b_2 \\ b_3 \end{bmatrix}$$

$$X = A^{-1}.B$$

This matrix equation gives the unique soloution to the given system of equations because the inverse of a matrix is unique.

This method of solving a system of equations is called the matrix method.

यह आव्यूह समीकरण दिए गये समीकरण निकाय का अद्वितीय हल प्रदान करता है, क्योकि यह आव्यूह का व्युत्क्रम अद्वितीय होता है .

समीकरणों के निकाय को हल करने की यह विधि आव्यूह विधि कहलाती है.

❖ **Questions:-**

1. If $\begin{vmatrix} K & 8 \\ 2 & 4 \end{vmatrix} = 4$, then the value of K is?

   यदि सारणिक $\begin{vmatrix} K & 8 \\ 2 & 4 \end{vmatrix} = 4$ हो, तो K का मान ज्ञात कीजिये

   $K = 5$

2. Matrix A is called singular if?

   आव्यूह A अव्युत्क्रमणीए आव्यूह कहलाता है यदि?

   $|A| = 0$

3. If the value of the determinant of a matrix A of 3×3 order is 4. What will be the value of $|3A|$.

   यदि 3×3 क्रम के एक मैट्रिक्स A के सारणिक का मान 4 हो, तो $|3A|$ का मान ज्ञात कीजिये.

   Ans. = 512

4. If $\begin{vmatrix} 4 & 1 \\ 2 & 1 \end{vmatrix}^2 = \begin{vmatrix} 3 & 2 \\ 1 & x \end{vmatrix} - \begin{vmatrix} x & 3 \\ -2 & 1 \end{vmatrix}$, then find the value of x.

   $x = 6$

5. Evaluate the determinant $A = \begin{vmatrix} 1 & -3 & 2 \\ 4 & -1 & 2 \\ 3 & 5 & 2 \end{vmatrix}$ and write the minor and co-factor of elements of first column.

   यदि सारणिक $A = \begin{vmatrix} 1 & -3 & 2 \\ 4 & -1 & 2 \\ 3 & 5 & 2 \end{vmatrix}$ हो तो प्रथम स्तम्भ के अवयवों की उपसारणिक व सहखंड लिखिए.

   $M_{11} = -12, M_{21} = -16, M_{31} = -4, F_{11} = -12, F_{21} = 16, F_{31} = -4)$

6. Find the area of the tringle when the vertices of the tringle are $A(2,3), B(-5,4)$ and $C(4,3)$.

   त्रिभुज का क्षेत्रफल ज्ञात कीजिये जबकि त्रिभुज के शीर्ष $A(2,3), B(-5,4)$ तथा $C(4,3)$ हैं.

   Ans.= 1

7. If $\begin{vmatrix} 2 & 3 \\ y & x \end{vmatrix} = 3, \begin{vmatrix} x & y \\ 4 & 2 \end{vmatrix} = 5$, then find the value of x and y.

   $x = -\frac{3}{2}, y = -2$

8. If A be a non-singular square matrix of order 3×3 then find the value of $|adjA|$.

यदि A, 3×3 कोटि का एक वर्ग आव्यूह है तो $|adjA|$ का मान गया कीजिये.

Ans. $= |A|^2$

9. If $\begin{vmatrix} 2 & 3 & 2 \\ x & x & x \\ 4 & 9 & 1 \end{vmatrix} + 3 = 0$, then find the value of x.

Ans. $x = -1$

10. If $A = \begin{bmatrix} a & 0 & 0 \\ 0 & a & 0 \\ 0 & 0 & a \end{bmatrix}$, then $|adj\ A|$ equals :

a) a^{27} b) a^6 c) a^9 d) a^2

Ans. = c

11. If A is a square matrix of order 3, such that $A(adj\ A) = 10I$, then find the value of $|adj\ A|$.

यदि A, क्रम 3 का एक वर्ग आव्यूह है, जहाँ $A(adj\ A) = 10I$ है तो $|adj\ A|$ का मान ज्ञात कीजिये.

Ans. = 100

12. If A is a 3×3 invertible matrix, then what will be the value of k, if $det(A^{-1}) = (det\ A)^k$.

यदि A एक 3×3 का व्युत्क्रमणीय मैट्रिक्स है, तो k का मान क्या होगा, यदि $det(A^{-1}) = (det\ A)^k$.

Ans. $K = 1$

13. Let (माना) $A = \begin{bmatrix} 1 & \sin\theta & 1 \\ -\sin\theta & 1 & \sin\theta \\ -1 & -\sin\theta & 1 \end{bmatrix}$, where $0 \leq \theta \leq 2\pi$

(A) $Det(A) = 0$ (B) $Det(A)\epsilon(2, \infty)$

(C) $Det(A)\epsilon(2,4)$ (D) $Det(A)\epsilon\ [2,4]$

Ans.= D

14. If $A = \begin{bmatrix} 2 & 3 \\ 1 & -4 \end{bmatrix}, B = \begin{bmatrix} 1 & -2 \\ -1 & 3 \end{bmatrix}$ then verify that (दर्शाइए)–

$(AB)^{-1} = B^{-1}A^{-1}$

15. Prove that the points $A(a, b+c), B(b, c+a)$ and $C(c, a+b)$ are collinear.
    दर्शाइए की बिंदु $A(a, b+c), B(b, c+a)$ और $C(c, a+b)$ संरेख हैं.

16. If a square matrix of order 3 such that the value of $|adjA| = 8$, then the value of $|A^T|$ is:
    यदि क्रम 3 का एक वर्ग आव्यूह इस प्रकार है कि $|adjA| = 8$ है, तो $|A^T|$ का मान है:
    (A) $\sqrt{2}$ (B) $-\sqrt{2}$ (C) 8 (D) $2\sqrt{2}$

    Ans. = D

17. If inverse of matrix $\begin{bmatrix} 7 & -3 & -3 \\ -1 & 1 & 0 \\ -1 & 0 & 1 \end{bmatrix}$ is the matrix $\begin{bmatrix} 1 & 3 & 3 \\ 1 & \alpha & 3 \\ 1 & 3 & 4 \end{bmatrix}$, then value of α is:
    यदि आव्यूह $\begin{bmatrix} 7 & -3 & -3 \\ -1 & 1 & 0 \\ -1 & 0 & 1 \end{bmatrix}$ का व्युत्क्रम आव्यूह $\begin{bmatrix} 1 & 3 & 3 \\ 1 & \alpha & 3 \\ 1 & 3 & 4 \end{bmatrix}$ है, तो α का मान है:
    (A) -4 (B) 1 (C) 3 (D) 4

    Ans.= D

18. Solve the following system of equations:
    निम्नलिखित समीकरण प्रणाली को हल करें:
    $$\begin{bmatrix} 3 & 0 & 3 \\ 2 & 1 & 0 \\ 4 & 0 & 2 \end{bmatrix} \begin{bmatrix} x \\ y \\ z \end{bmatrix} = \begin{bmatrix} 8 \\ 1 \\ 4 \end{bmatrix} + \begin{bmatrix} 2y \\ z \\ 3y \end{bmatrix}$$

    or

    Solve the system of linear equations by using matrix method:
    आव्यूह विधि का उपयोग करके रैखिक समीकरणों की प्रणाली को हल करें:
    $$x + y + 2z = 0, x + 2y - z = 9, x - 3y + 3z = -14$$
    $$x = 1, y = 2, z = 3 \text{ or } x = 1, y = 3, z = -2$$

Chapter 5
Continuity and Differentiability
(सांत्य तथा अवकलनीयता)

- ❖ Continuity of a function at a point(फलन के किसी बिंदु पर सांतत्य):-

  The function $f(x)$ will be continuous at any point $x = a$ in its domain if –

  फलन $f(x)$ अपने प्रान्त के किसी बिंदु $x = a$ पर संतत होगा, यदि –

  $$\lim_{x \to a^+} f(x) = \lim_{x \to a^-} f(x) = f(a)$$

  or

  L.H.L = R.H.L = $f(a)$

- ❖ Differentiability (अवकलनीयता):-

  ➤ Right Derivative (दायां अवकलज) –

  Right derivative of thr function $f(x)$ at the point $x = a$

  बिंदु $x = a$ पर फलन $f(x)$ का दायां अवकलज –

  $$Rf'(a) = f'(a+0) = \lim_{h \to 0} \frac{f(a+h) - f(a)}{h}, h > 0$$

  ➤ Left Derivative (बायां अवकलज) –

  Left derivative of thr function $f(x)$ at the point $x = a$

  बिंदु $x = a$ पर फलन $f(x)$ का बायां अवकलज –

  $$Lf'(a) = f'(a-0) = \lim_{h \to 0} \frac{f(a-h) - f(a)}{-h}, h > 0$$

  Hence, the function $f(x)$ will be the differentiable at $x = a$ if its right and left derivatives at $x = a$ are the same.

  अत: फलन $f(x)$ बिंदु $x = a$ पर अवकलनीय होगा यदि $x = a$ पर इसके दाए एवं बाए अवकलज समान हो.

- ❖ Formulas of differentiation (अवकलन के सूत्र):-

1. $\frac{d}{dx}(x^n) = n\, x^{n-1}$
2. $\frac{d}{dx}(x) = 1$
3. $\frac{d}{dx}(x^{-n}) = -n\, x^{-n-1}$
4. $\frac{d}{dx}(e^x) = e^x$

5. $\frac{d}{dx}(a^x) = a^x . \log a$
6. $\frac{d}{dx}(\sin x) = \cos x$
7. $\frac{d}{dx}(\cos x) = -\sin x$
8. $\frac{d}{dx}(\tan x) = \sec^2 x$
9. $\frac{d}{dx}(\cot x) = -\text{cosec}^2 x$
10. $\frac{d}{dx}(\sec x) = \sec x \tan x$
11. $\frac{d}{dx}(\text{cosec}\, x) = -\text{cosec}\, x \cot x$
12. $\frac{d}{dx}\left(\frac{1}{x}\right) = -\frac{1}{x^2}$
13. $\frac{d}{dx}(\log x) = \frac{1}{x}$
14. $\frac{d}{dx}(C) = 0$
15. $\frac{d}{dx}(u.v) = u.\frac{d}{dx}(v) + v.\frac{d}{dx}(u)$
16. $\frac{d}{dx}\left(\frac{u}{v}\right) = \frac{v.\frac{d}{dx}(u) - u.\frac{d}{dx}(v)}{v^2}$
17. $\frac{d}{dx}(\sin^{-1} x) = \frac{1}{\sqrt{1-x^2}}$
18. $\frac{d}{dx}(\cos^{-1} x) = \frac{-1}{\sqrt{1-x^2}}$
19. $\frac{d}{dx}(\tan^{-1} x) = \frac{1}{1+x^2}$
20. $\frac{d}{dx}(\cot^{-1} \text{x}) = \frac{-1}{1+x^2}$
21. $\frac{d}{dx}(\sec^{-1} x) = \frac{1}{x\sqrt{x^2-1}}$
22. $\frac{d}{dx}(\text{cosec}^{-1} x) = \frac{-1}{x\sqrt{x^2-1}}$

❖ Base conversion formulas (आधार परिवर्तन सूत्र):-

1. $\log_{\text{a}} b = \frac{\log b}{\log a}$
2. $\log m^n = n. \log m$
3. $\log(m.n) = \log m + \log n$
4. $\log \frac{m}{n} = \log m - \log n$
5. $e^{\log_{\text{e}} x} = x$

❖ Questions:-

1. Find the relationship between a and b so that the function f defined by $f(x) = \begin{cases} ax + 1, & \text{if } x \leq 3 \\ bx + 3, & \text{if } x > 3 \end{cases}$ is continuous at $x = 3$.

   a और b के उन मानों को ज्ञात कीजिये जिनके लिए $f(x) = \begin{cases} ax + 1, & \text{if } x \leq 3 \\ bx + 3, & \text{if } x > 3 \end{cases}$ द्वारा परिभाषित फलन $x = 3$ पर संतत है.

2. Find all points of discontinuity (सभी असांतत्यता बिंदु) of f, where $f(x) = \begin{cases} \frac{\sin x}{x}, & \text{if } x < 0 \\ x + 1, & \text{if } x \geq 0 \end{cases}$.

3. Determine whether the following functions are continuous functions:
   निर्धारित कीजिये कि निम्न फलन संतत फलन है:

   i. $f(x) = \begin{cases} x + 5, & \text{if } x \leq 1 \\ x - 5, & \text{if } x > 1 \end{cases}$

   ii. $f(x) = \begin{cases} x^2 \sin\frac{1}{x}, & \text{if } x \neq 0 \\ 0, & \text{if } x = 0 \end{cases}$

   iii. $f(x) = \begin{cases} \sin x - \cos x, & \text{if } x \neq 0 \\ -1, & \text{if } x = 0 \end{cases}$

   iv. $f(x) = \begin{cases} \dfrac{e^{\frac{1}{x}}}{1 + e^{\frac{1}{x}}}, & \text{if } x \neq 0 \\ 0, & \text{if } x = 0 \end{cases}$

4. Find the values of k so that the functions f is continuous at the indicated point:
   k के मानों को ज्ञात कीजिये ताकि प्रदत फलन निर्दिष्ट बिंदु पर संतत हो:

   i. $f(x) = \begin{cases} \dfrac{k \cos x}{\pi - 2x}, & \text{if } x \neq \frac{\pi}{2} \\ 3, & \text{if } x = \frac{\pi}{2} \end{cases}$, at $x = \frac{\pi}{2}$

   ii. $f(x) = \begin{cases} kx + 1, & \text{if } x \leq \pi \\ \cos x, & \text{if } x > \pi \end{cases}$, at $x = \pi$

   iii. $f(x) = \begin{cases} kx + 1, & \text{if } x \leq 5 \\ 3x - 5, & \text{if } x > 5 \end{cases}$, at $x = 5$

   iv. $f(x) = \begin{cases} \dfrac{\sin x}{x} + \cos x, & \text{if } x \neq 0 \\ K, & \text{if } x = 0 \end{cases}$, at $x = 0$

v. $f(x) = \begin{cases} \frac{1-\cos(kx)}{x\sin x}, & \text{if } x \neq 0 \\ 2, & \text{if } x = 0 \end{cases}$, at $x = 0$

5. Find the value of a and b such that the function defined by $f(x) = \begin{cases} 5, \text{if } x \leq 2 \\ ax + b, \text{if } 2 < x < 10 \\ 21, \text{if } x \geq 10 \end{cases}$ is a continuous function.

a और b के मानों को ज्ञात कीजिये ताकि

$f(x) = \begin{cases} 5, \text{if } x \leq 2 \\ ax + b, \text{if } 2 < x < 10 \\ 21, \text{if } x \geq 10 \end{cases}$ द्वारा परिभाषित फलन एक संतत फलन हो.

6. Show that the function defined by $g(x) = x - [x]$ is discontinuous at all integral points. Here $[x]$ denotes the greatest integer less than or equal to x.

दर्शाइए कि $g(x) = x - [x]$ द्वारा परिभाषित फलन समस्त पूर्णांक बिन्दुओं पर असंतत है. यहाँ $[x]$ उस महतम पूर्णांक निरुपित करता है , जो x के बराबर या x से कम है.

7. Prove that the greatest function defined by $f(x) = [x]$, $0 < x < 3$, is not differentiable at $x = 1$ and $x = 2$.

सिद्ध कीजिये कि महत्तम पूर्णांक फलन $f(x) = [x]$, $0 < x < 3$, $x = 1$ तथा $x = 2$ पर अवकलित नहीं है.

8. Find $\frac{dy}{dx}$

i. $y = \cos\sqrt{x}$

ii. $y = \sin^{-1}\left(\frac{2x}{1+x^2}\right)$

iii. $3x + 2y = \sin x$

iv. $y = x^x + x^p + p^x$

v. $y = x^x + x^a + a^x + a^a$

vi. $y = \sin x^{\sin x^{\sin x^{\sin x^{\sin x} \ldots\ldots\ldots\infty}}}$

vii. $y = (\log x)^x + x^{\log x}$

viii. $y = \sqrt{\log x + \sqrt{\log x + \sqrt{\log x \ldots\ldots\ldots\ldots\ldots\infty}}}$

ix. $y = (\log x)^{\cos x}$

x. $y = \sin^{-1}\left(\frac{1-x^2}{1+x^2}\right)$

xi.	$y = \sqrt{e^{\sqrt{x}}}$
xii.	$y = x^{\sin x}$
xiii.	$y^x + x^y + x^x = a^b$
xiv.	$y = x^x - 2^{\sin x}$
xv.	$x^{\frac{2}{3}} + y^{\frac{2}{3}} = a^{\frac{2}{3}}$
xvi.	$x = a(\theta - \sin\theta), y = a(1 + \cos\theta)$
xvii.	$x = \dfrac{\sin^3 t}{\sqrt{\cos 2t}}, y = \dfrac{\cos^3 t}{\sqrt{\cos 2t}}$
xviii.	$x = a(\cos t + \log\tan\dfrac{t}{2}), y = a\sin t$
xix.	$y = \log_7(\log x)$
xx.	$y = \tan^{-1}\left(\dfrac{\sin x}{1+\cos x}\right)$
xxi.	$y = (\sin x - \cos x)^{\sin x - \cos x}$

Answers:-

1. $3a - 3b = 2$
2. No point
3. (i) not continuous (ii) continuous (iii) continuous (iv) not continuous
4. (i) $K = 6$ (ii) $K = -\dfrac{2}{\pi}$ (iii) $K = \dfrac{9}{5}$ (iv) $K = 2$ (v) $K = \pm 2$
5. $a = 2, b = 1$
8. (i) $-\dfrac{\sin\sqrt{x}}{2\sqrt{x}}$

   (ii) $\dfrac{2}{1+x^2}$

   (iii) $\dfrac{\cos x - 3}{2}$

   (iv) $x^x(1 + \log x) + px^{p-1} + p^x \log p$

   (v) $x^x(1 + \log x) + ax^{a-1} + a^x \log a$

   (vi) $\dfrac{y^2 \cot x}{1 - y \log \sin x}$

   (vii) $(\log x)^{x-1}(1 + \log x \cdot \log(\log x)) + 2x^{\log x - 1} \cdot \log x$

   (viii) $\dfrac{1}{x(2y-1)}$

   (ix) $y\left(-\sin x \cdot \log(\log x) + \dfrac{\cos x}{x \log x}\right)$

   (x) $-\dfrac{2}{1+x^2}$

(xi) $\frac{e^{\sqrt{x}}}{4\sqrt{x.e^{\sqrt{x}}}}$

(xii) $x^{\sin x}\left(\frac{\sin x}{x} + \cos x.\log x\right)$

(xiii) $-\frac{[y^x \log y + xy^{y-1}.y + x^x(1+\log x)]}{(xy^{x-1} + x^y.\log x)}$

(xiv) $x^x(1 + \log x) - 2^{\sin x}(\log 2 . \cos x)$

(xv) $-\left(\frac{y}{x}\right)^{\frac{1}{3}}$

(xvi) $-\cot\frac{\theta}{2}$

(xvii) $\frac{-cot^2 t(\tan t - 3tan^3 t)}{(3 - tan^2 t)}$

(xviii) $\tan t$

(xix) $\frac{1}{x.\log 7.\log x}$

(xx) $\frac{1}{2}$

(xxi) $(\sin x - \cos x)^{\sin x - \cos x}.(\sin x + \cos x)[1 + \log(\sin x - \cos x)]$

9. Prove that (सिद्ध कीजिए):

a) $x\sqrt{1+y} + y\sqrt{1+x} = 0$, $\frac{dy}{dx} = -\frac{1}{(1+x)^2}$

b) $y = \sin^{-1} x$
$(1 - x^2)y'' - xy' = 0$

c) $y = (\sin^{-1} x)^2$
$(1 - x^2)y'' - xy' - 2 = 0$

d) $y = 500e^{7x} + 600e^{-7x}$, $y'' = 49y$

e) $x = \sqrt{a^{\sin^{-1} t}}$, $y = \sqrt{a^{\cos^{-1} t}}$, $\frac{dy}{dx} = -\frac{y}{x}$

f) $y = (\tan^{-1} x)^2$
$(x^2 + 1)^2 y_2 + 2x(x^2 + 1)y_1 = 2$

g) $y = e^{a\cos^{-1} x}$
$(1 - x^2)y'' - xy' - a^2 y = 0$

e) $\cos y = x \cos(a + y)$
$\frac{dy}{dx} = \frac{cos^2(a+y)}{\sin a}$

f) If $(x-a)^2 + (y-b)^2 = c^2$, for some c >0, prove that (सिद्ध कीजिए)

$\dfrac{\left[1+(y')^2\right]^{\frac{3}{2}}}{y''}$ is a constant independent of a and b (a और b से स्वतंत्र एक स्थिर राशि).

Chapter 6
Application of Derivative
(अवकलज के अनुप्रयोग)

❖ **Some Important Mensuration Formulas (कुछ महत्वपूर्ण क्षेत्रमिति सूत्र) –**

1. **Rectangle (आयत):**

Perimeter (परिमाप) = $2(a+b)$

Area (क्षेत्रफल) = ab

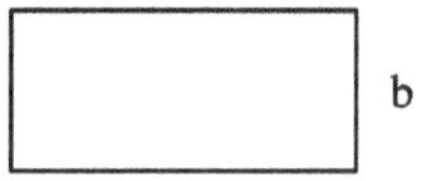

2. **Square (वर्ग)-**

Perimeter (परिमाप) = $4a$

Area (क्षेत्रफल) = a^2

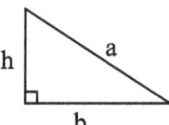

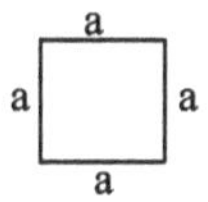

3. **Right Triangle (समकोण त्रिभुज)-**

Perimeter (परिमाप) = $b+h+d$

Area (क्षेत्रफल) = $\frac{1}{2}\times b\times h$

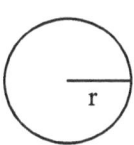

4. **Circle (वृत)-**

Perimeter (परिमाप) = $2\pi r$

Area (क्षेत्रफल) = πr^2

5. **Cylinder (बेलन)-**

Volume (आयतन) = $\pi r^2 h$

Curved Surface Area (वक्र पृष्ठीय क्षेत्रफल) = $2\pi rh$

Total Surface Area (कुल पृष्ठीय क्षेत्रफल) = $2\pi r(h+r)$

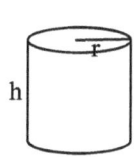

6. **Cone (शंकु)-**

Volume (आयतन) = $\frac{1}{3}\pi r^2 h$

Curved Surface Area (वक्र पृष्ठीय क्षेत्रफल) = $\pi r l$

Total Surface Area (कुल पृष्ठीय क्षेत्रफल) = $\pi r(l + r)$

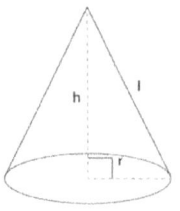

7. **Sphere (गोला/गुब्बारा/बुलबुला)-**

Volume (आयतन) = $\frac{4}{3}\pi r^3$

Curved Surface Area (वक्र पृष्ठीय क्षेत्रफल) = $4\pi r^2$

Total Surface Area (कुल पृष्ठीय क्षेत्रफल) = $4\pi r^2$

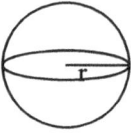

8. **Cube (घन)-**

Volume (आयतन) = a^3

Curved Surface Area (वक्र पृष्ठीय क्षेत्रफल) = $4a^2$

Total Surface Area (कुल पृष्ठीय क्षेत्रफल) = $6a^2$

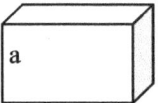

❖ **Application of derivatives (अवकलन के अनुप्रयोग):-**

➢ Rate of change of quantity (मात्रा परिवर्तन की दर) –

Consider a function $= f(x)$, the rate of change of a function is defined as –

$$\frac{dy}{dx} = f'(x)$$

Further, if two variables x and y are varying to another variable , say if $x = f(x)$ and $y = g(x)$, then using chain rule, we have :

$$\frac{dy}{dx} = \left(\frac{dy/dt}{dx/dt}\right), \text{ where } \frac{dx}{dt} \text{ is not equal to 0.}$$

एक फलन $y = f(x)$ पर विचार करें, किसी फलन के परिवर्तन की दर को इस प्रकार परिभाषित किया गया है –

$$\frac{dy}{dx} = f'(x)$$

इसके अलावा यदि दो चर x और y दूसरे चरण में बदल रहे हैं, तो मान ले कि यदि $x = f(x)$ और $y = g(x)$, तो श्रंखला नियम का प्रयोग करके, हमारे पास है :

$$\frac{dy}{dx} = \left(\frac{dy/dt}{dx/dt}\right), \text{ जहाँ } \frac{dx}{dt}, 0 \text{ के बराबर नही है.}$$

➢ **Increasing and Decreasing Function** (वर्धमान और ह्रासमान फलन):

Consider a function f, continuous in $[a, b]$ and differentiable on the open interval (a, b), then

i. f is a increasing in $[a, b]$ if $f'(x) > 0$ for each x in (a, b)
ii. f is decreasing in $[a, b]$ if $f'(x) < 0$ for each x in (a, b)
iii. f is constant function in $[a, b]$, if $f'(x) = 0$ for each x in (a, b)

एक फलन पर विचार करें, जो $[a, b]$ में निरंतर है खुले अन्तराल (a, b) पर भिन्न है :

i. $[a, b]$ में f वर्धमान है यदि (a, b) में प्रत्येक x के लिए $f'(x) > 0$
ii. $[a, b]$ में f ह्रासमान है यदि (a, b) में प्रत्येक x के लिए $f'(x) < 0$
iii. $[a, b]$ में f एक स्थिर फलन है यदि (a, b) में प्रत्येक x के लिए $f'(x) = 0$

➢ **Maxima and Minima** (उच्चतम और निम्नतम):

Working rule to find maxima and minima (उच्चतम और निम्नतम ज्ञात करने की क्रिया विधि) :-

1. Find $\frac{dy}{dx}$ by writing the given function in the form $y = f(x)$.
   दिए गए फलन को $y = f(x)$ के रूप में लिखकर $\frac{dy}{dx}$ ज्ञात कीजिए.

2. Find the different values of x by solving $\frac{dy}{dx} = 0$ for maximum and minimum.
   Let the different values of x be a_1, a_2, a_3.
   उच्चतम तथा निम्नतम के लिए $\frac{dy}{dx} = 0$ को हल कर x के विभिन्न मान ज्ञात कीजिए.
   माना x के विभिन्न मान a_1, a_2, a_3 हैं.

3. Find $\frac{d^2y}{dx^2}$ and find the value of second derivative a_1, a_2, a_3 at different value of x.
   $\frac{d^2y}{dx^2}$ ज्ञात करें और x के विभिन्न मान a_1, a_2, a_3 पर द्वितीय अवकलज का मान ज्ञात कीजिये.

4. If $\frac{d^2y}{dx^2} < 0$ at $x = a_1$ then the function will be maximum at $x = a$ and if $\frac{d^2y}{dx^2} > 0$ at $x = a_1$ then the function will be minimum. Take the forward derivative when $\frac{d^2y}{dx^2} = 0$.
   यदि $x = a_1$ पर $\frac{d^2y}{dx^2} < 0$, तो $x = a$ पर फलन उच्चतम होगा तथा यदि $x = a_1$ पर $\frac{d^2y}{dx^2} > 0$ है, तो फलन निम्नतम होगा. $\frac{d^2y}{dx^2}$ शून्य होने की स्थिति में आगे अवकलज कीजिए.

5. Find $\frac{d^3y}{dx^3}, \frac{d^4y}{dx^4}, \ldots$ etc until the value at $x = a_1$ is nonzero.

$\frac{d^3y}{dx^3}, \frac{d^4y}{dx^4}, \ldots$ आदि ज्ञात कीजिये, जब तक कि $x = a_1$ पर मान अशून्य हो.

Questions

1. The radius of a circle is increasing uniformly at the rate of 5 cm/sec. Find the rate at which the area of the circle is increasing when the radius is 6 cm.

   एक वृत्त की त्रिज्या समान रूप से 5 cm/sec की दर से बढ़ रही है। ज्ञात किजिए की वृत्त का क्षेत्रफल किस दर से बढ़ रहा है जबकि त्रिज्या 6 cm है।

   Ans = $60\pi\ cm^2/\ sec$

2. The length x of a rectangle is decreasing at the rate of 3 $cm/minute$ and the width y is increasing at the rate of 5 $cm/minute$. When $x = 10cm$ and $y = 6cm$, find the rates of change of (a) the perimeter and (b) the area of the rectangle.

   एक आयत की लंबाई $x, 3\ cm/\ min$ की दर से घट रही है और चौड़ाई $y, 5cm/\ min$ की दर से बढ़ रही है। जबकि $x = 10$ cm और $y = 6\ cm$ है तब आयत के (a) परिमाप (b) क्षेत्रफल में परिर्वतन की दर ज्ञात कीजिए।

   Ans = $32\ cm^3/\ sec$

3. An edge of a variable cube is increasing at the rate of 3 cm/sec. How fast is the volume of the cube increasing when the edge is 10 cm long?

   एक परिर्वतनशील घन का किनारा 3 cm/sec की दर से बढ़ रहा है। घन का आयतन किस दर से बढ़ रहा है जबकि किनारा 10 cm लंबा है।

   Ans= 900 $cm^3/\ sec$

4. A balloon, which always remains spherical on inflation, is being inflated by pumping in 900 cubic centimetres of gas per second. Find the rate at which the radius of the balloon increases when the radius is 15 cm.

   एक गुब्बारा जो सदैव गोलाकार रहता है एक पंप द्वारा 900 cm/sec गैस भरकर फुलाया जाता है। गुब्बारे की त्रिज्या के परिवर्तन की दर ज्ञात किजिए जब त्रिज्या 15 cm है।

   Ans = $\frac{1}{\pi}\ cm/sec$

5. Sand is pouring from a pipe at the rate of 12 cm^3/sec. The falling sand forms a cone on the ground in such a way that the height of the

cone is always one-sixth of the radius of the base. How fast is the height of the sand cone increasing when the height is 4 cm?

एक पाइप से रेत 12 cm^3/sec की दर से गिर रही है। गिरती रेत जमीन पर एक ऐसा शंकु बनाती है जिसकी ऊंचाई सदैव आधार की त्रिज्या का छठा भाग है। रेत से बने शंकु की ऊंचाई किस दर से बढ़ रही है जबकि ऊंचाई $4cm$ है।

Ans= $\frac{1}{48\pi}\ cm/sec$

6. The total revenue in Rupees received from the sale of x units of a product is given by $R(x) = 3x^2 + 36x + 5$. The marginal revenue, when $x = 15$ is

एक उत्पाद की x इकाईयों के विक्रय से प्राप्त कुल आय रुपयों में $R(x) = 3x^2 + 36x + 5$ से प्रदत है। जब $x = 5$ है तो सीमात आय है,

(A) 116 (B) 96 (C) 90 (D) 126

Ans= (D)

7. Find the values of x for which $y = [x(x - 2)]^2$ is an increasing function

x का मान ज्ञात किजिए जहां $y = [x(x - 2)]^2$ वर्धमान फलन है।

Ans = $[0, 1] \cup [2, \infty]$

8. Prove that the function f given by $f(x) = x^2 - x + 1$ is neither strictly increasing nor decreasing on $(-1, 1)$.

सिद्ध किजिए की $(-1, 1)$ में $f(x) = x^2 - x + 1$ से प्रदत न तो वर्धमान और न ह्यासमान है।

9. Find the intervals in which the function f given by $f(x) = \sin x + \cos x, 0 \le x \le 2\pi$ is (i) Strictly increasing or (ii) strictly decreasing

अंतराल ज्ञात करें जिसमें $f(x) = \sin x + \cos x,\ 0 \le x \le 2\pi$ द्वारा दिया गया फलन f है, (i) निरंतर वर्धमान (ii) निरंतर ह्यासमान

Ans= (i) $\left(0, \frac{\pi}{4}\right) \cup \left(\frac{5\pi}{4}, 2\pi\right)$

(ii) $\left(\frac{\pi}{4}, \frac{5\pi}{4}\right)$

10. Find the intervals in which the function $f(x) = 3x^4 - 4x^3 - 12x^2 + 5$ is (i) Strictly increasing (ii) strictly decreasing

अंतराल ज्ञात करें जिसमें फलन $f(x) = 3x^4 - 4x^3 - 12x^2 + 5$ है, (i) निरंतर वर्धमान (ii) निरंतर ह्यासमान

Ans= (i) $(-1, 0) \cup (2, \infty)$
(ii) $(-\infty, -1) \cup (0, ,2)$

11. Prove that the logarithmic function is increasing on $(0, \infty)$.
सिद्ध किजिए की लघुकीय फलन $(0, \infty)$ में वर्धमान फलन है।

12. The interval in which $y = x^2 . e^{-x}$ is increasing is
निम्नलिखित में से किस अंतराल में $y = x^2 . e^{-x}$ वर्धमान है?
(A) $(-\infty, \infty)$ (B) $(-2, 0)$ (C) $(2, \infty)$ (D) $(0, 2)$

Ans= (D)

13. Prove that the value of function $\frac{x}{1+ x.\tan x}$ is maximum at $x = \cos x$.
सिद्ध कीजिए के फलन $\frac{x}{1+x.\tan x}$ का मान $x = \cos x$ पर उच्चतम है।

14. If the profit function is $P(x) = 51 - 72x - 18x^2$ then find the maximum profit earned by the company.
यदि लाभ फलन $P(x) = 51 - 72x - 18x^2$ है, तो कम्पनी द्वारा प्राप्त किया गया उच्चिष्ठ लाभ ज्ञात कीजिए।

Ans= 123

15. Find the absolute maximum and minimum values of a function f given by $f(x) = x^2 - 4x + 8$ in the interval $[1, 5]$.
अंतराल $[1, 5]$ पर फलन $f(x) = x^2 - 4x + 8$ के निरंतर उच्चतम और निम्नतम मान ज्ञात कीजिए।

Ans= absolute max= 56
absolute min = 24

16. Prove that function $f(x) = \log \cos x$ is strictly increasing in $\left(\frac{\pi}{2}, \pi\right)$ and strictly decreasing in $\left(0, \frac{\pi}{2}\right)$
सिद्ध किजिए कि फलन $f(x) = \log \cos x$, $\left(\frac{\pi}{2}, \pi\right)$ में निरंतर वर्धमान और $\left(0, \frac{\pi}{2}\right)$ में निरंतर ह्यासमान है।

17. Prove that $y = \dfrac{4\sin\theta}{(2+\cos\theta)} - \theta$ is an increasing function of θ in $\left[0, \dfrac{\pi}{2}\right]$

    सिद्ध कीजिए कि $\left[0, \dfrac{\pi}{2}\right]$ में $y = \dfrac{4\sin\theta}{(2+\cos\theta)} - \theta, \theta$ का एक वर्धमान फलन है।

18. Find the intervals in which function $f(x) = 2x^3 - 9x^2 + 12x + 15$ is increasing or decreasing.

    अंतराल ज्ञात कीजिए जिसमें फलन $f(x) = 2x^3 - 9x^2 + 12x + 15$ वर्धमान का ह्रासमान हो।

    Ans= Increasing (वर्धमान) – $(-\infty, -1) \cup (2, \infty)$

    Decreasing (ह्रासमान)– $(1, 2)$

19. The function $f(x) = \dfrac{x}{2} + \dfrac{2}{x}$ has a local minima at x equal to

    फलन $f(x) = \dfrac{x}{2} + \dfrac{2}{x}$ का स्थानीय निम्नतम x के जिस मान पे है वह है,

    (A) 2 (B) 1 (C) 0 (D) -2

    Ans:

20. Prove that the function given by $f(x) = x^3 - 3x^2 + 3x - 100$ is increasing in R.

    सिद्ध कीजिए की R में दिया गया फलन $f(x) = x^3 - 3x^2 + 3x - 100$ वर्धमान है।

21. Given that $f(x) = \dfrac{\log x}{x}$. Find the point of local maximum of $f(x)$.

    $f(x)$ का स्थानीय अधिकतम बिंदु ज्ञात कीजिए, दिया है की $f(x) = \dfrac{\log x}{x}$

22. Find the maximum and minimum values of $f(x) = x + \sin 2x$ in the interval $[0, 2\pi]$

    फलन $f(x) = x + \sin 2x$ का अंतराल $[0, 2\pi]$ में उच्चतम और निम्नतम मान ज्ञात करें।

    Ans. Max (उच्चतम) $= 2\pi$

    Min (निम्नतन) $= 0$

23. Find the maximum value of the function $\sin x + \cos x$ in the interval of $[0, \pi]$.

    अंतराल $[0, \pi]$ में $\sin x + \cos x$ का उच्चतम मान ज्ञात कीजिए।

    Ans= $\sqrt{2}$

24. Show that $f(x) = e^x - e^{-x} + x - \tan^{-1} x$ is strictly increasing in its domain.

दर्शाइए की $f(x) = e^x - e^{-x} + x - \tan^{-1} x$ अपने प्रांत में निरंतर वर्धमान है।

Chapter 7
Integrals

Formulas(सूत्र) :-

- $\int x^n dx = \dfrac{x^{n+1}}{n+1} + C$
- $\int e^x [f(x) + f'(x)] dx = e^x f(x) + C$
- $\int \dfrac{1}{x} dx = \log x + C$
- $\int \dfrac{1}{\sqrt{x^2 - a^2}} dx = \log|x + \sqrt{x^2 - a^2}| + C$
- $\int e^x dx = e^x + C$
- $\int \dfrac{1}{\sqrt{a^2 - x^2}} dx = \sin^{-1} x \left(\dfrac{x}{a}\right) + C$
- $\int a^x dx = \dfrac{a^x}{\log a} + C$
- $\int \dfrac{1}{\sqrt{x^2 + a^2}} dx = \log|x + \sqrt{x^2 + a^2}| + C$
- $\int \sin x \, dx = -\cos x + C$
- $\int \dfrac{1}{x^2 + a^2} dx = \dfrac{1}{a} \tan^{-1} \dfrac{x}{a} + C$
- $\int \cos x \, dx = \sin x + C$
- $\int \dfrac{1}{x\sqrt{x^2 - a^2}} dx = \dfrac{1}{a} \sec^{-1} \dfrac{x}{a} + C$
- $\int \sec^2 x \, dx = \tan x + C$
- $\int \dfrac{1}{x^2 - a^2} dx = \dfrac{1}{2a} \log \left|\dfrac{x-a}{x+a}\right| + C$
- $\int \csc^2 x \, dx = -\cot x + C$
- $\int \dfrac{1}{a^2 - x^2} dx = \dfrac{1}{2a} \log \left|\dfrac{a+x}{a-x}\right| + C$
- $\int \sec x . \tan x \, dx = \sec x + C$
- $\int \sqrt{a^2 - x^2} \, dx = \dfrac{x}{2} \sqrt{a^2 - x^2} + \dfrac{a^2}{2} \sin^{-1} \left(\dfrac{x}{a}\right) + C$
- $\int \csc x . \cot x \, dx = -\csc x + C$

- ❖ $\int \sqrt{x^2 - a^2}\, dx = \frac{x}{2}\sqrt{x^2 - a^2} + \frac{a^2}{2}\log\left|x + \sqrt{x^2 - a^2}\right| + C$
- ❖ $\int dx = x + C$
- ❖ $\int \tan x \; dx = \log|\sec x| + C = -\log|\cos x| + C$
- ❖ $\int \sec x \; dx = \log|\sec x + \tan x| + C = \log\left|\tan\left(\frac{x}{4} + \frac{x}{2}\right)\right| + C$
- ❖ $\int \cot x \, dx = \log|\sin x| + C$
- ❖ $\int \operatorname{cosec} x \, dx = \log|\operatorname{cosec} x - \cot x| + C = \log\left|\tan\frac{x}{2}\right| + C$
- ❖ $\int \underset{\text{I}}{f(x)}.\underset{\text{II}}{g(x)}dx = f(x)\int g(x)dx - \int\left[\int g(x)dx.\frac{d}{dx}[f(x)]\right] dx$

  Where I and II are functions are taken according to "ILATE".

I L A T E

Inverse function	Logarithmic function	Algebric function	Trignometric function	Exponential function
↓	↓	↓	↓	↓
$\sin^{-1} x$	$\log x$	x	$\sin x$	a^x
$\cos^{-1} x$	⋮	x^2	$\cos x$	e^x
$\tan^{-1} x$	⋮	y	$\tan x$	⋮
⋮	⋮	⋮	⋮	⋮
⋮	⋮	⋮	⋮	⋮
⋮	⋮	⋮	⋮	⋮
⋮	⋮	⋮	⋮	⋮

Integration by Partial Fraction (आंशिक भिन्नों का समाकलन):-

- ❖ $\frac{Px \pm Q}{(x-a)(x-b)(x-c)} = \frac{A}{x-a} + \frac{B}{x-b} + \frac{C}{x-c}$
- ❖ $\frac{Px \pm Q}{(x-a)(x-b)^2} = \frac{A}{x-a} + \frac{B}{(x-b)} + \frac{C}{(x-b)^2}$
- ❖ $\frac{Px \pm Q}{(x+a)(x^2+b)} = \frac{A}{x+a} + \frac{Bx+c}{(x^2+b)}$

- $\dfrac{Px^2 \pm Q}{(x^2+a)(x^2+b)^2} = \dfrac{Ax+B}{(x^2+a)} + \dfrac{Cx+D}{(x^2+b)} + \dfrac{Ex+F}{(x^2+b)^2}$

- $\dfrac{(x-\alpha)(x-\beta)}{(x-a)(x-b)} = 1 + \dfrac{A}{(x-a)} + \dfrac{B}{(x-b)}$

Properties of Definite Integral (निश्चित समाकलन के गुणधर्म) :-

$P_1 = \int_a^b f(x)dx = \int_a^b f(t)dt$

$P_2 = \int_a^b f(x)dx = -\int_b^a f(x)dx$

$P_3 = \int_a^b f(x)dx = \int_a^c f(x)dx + \int_c^b f(x)dx$, a<c<b

$P_4 = \int_a^b f(x)dx = \int_a^b f(a+b-x)dx$

$P_5 = \int_{-a}^a f(x)dx = \begin{cases} 2\int_0^a f(x)dx & ,\text{if } f(-x) = f(x), f \text{ is an even function} \\ 0 & ,\text{If } f(-x) = -f(x), f \text{ is an odd function} \end{cases}$

$P_6 = \int_0^{2a} f(x)dx = \int_0^a f(x)dx + \int_0^a f(2a-x)dx$

$P_7 = \int_0^{2a} f(x)dx = \begin{cases} 2\int_0^a f(x)dx & ,\text{if } f(2a-x) = f(x) \\ 0 & ,\text{If } f(2a-x) = -f(x) \end{cases}$

Hyperbolic Functions (हाएपरबोलिक फलन):-

- $\dfrac{e^x + e^{-x}}{2} = \cos h(x)$
- $\dfrac{e^x - e^{-x}}{e^x + e^{-x}} = \tan h(x)$
- $\dfrac{e^x - e^{-x}}{2} = \sin h(x)$

Note:- Remember formulas of trigonometry to solve integration समाकलन को हल करने के लिए त्रिकोणमिति के सूत्रों को याद रखें।

Questions:-

1. $I = \int (1-x)\sqrt{x}\, dx$ Ans $= \frac{2}{3}x^{\frac{3}{2}} - \frac{2}{5}x^{\frac{5}{2}} + C$

2. $I = \int a^{3\log_a x}\, dx$ Ans $= \frac{x^4}{4} + C$

3. $I = \int \frac{\sec^2 x}{\csc^2 x}\, dx$ Ans $= \tan x - x + C$

4. $I = \int \sqrt{1 + \cos 2x}\, dx$ Ans $= \sqrt{2}\sin x + C$

5. $I = \int \frac{1}{\sin x \cos^3 x}\, dx$ Ans $= \log \tan x + \frac{1}{2}\tan^2 x + C$

6. $I = \int \left(\sqrt{x} + \frac{1}{\sqrt{x}}\right)^2 dx$ Ans $= \frac{x^2}{2} \log x + 2x + C$

7. $I = \int \frac{dx}{x(x^5+1)}$ Ans $= \frac{1}{5}\log\left|\frac{x^5}{x^5+1}\right| + C$

8. $I = \int \frac{\sec^2 x}{\sqrt{\tan^2 x + 4}}\, dx$ Ans: $\log|\tan x + \sqrt{\tan^2 x + 4}| + C$

9. $I = \int \frac{1-\cos 2x}{1+\cos 2x}\, dx$ Ans: $\tan x - x + C$

10. $I = \int \frac{1}{1+\sin x}\, dx$ Ans: $\tan x - \sec x + C$

11. $I = \int \frac{\cos^2 x}{1+\sin x}\, dx$ Ans: $x + \cos x + C$

12. $I = \int \cos^2 x\, dx$ Ans: $\frac{\sin 2x}{4} + \frac{x}{2} + C$

13. $I = \int 4^x \cdot 3^x\, dx$ Ans: $\frac{12^x}{\log 12} + C$

14. $I = \int \frac{x+\sin x}{1+\cos x}\, dx$ Ans: $x \cdot \tan\frac{x}{2} + C$

15. $I = \int_0^{\frac{\pi}{8}} \tan^2 2x\, dx$ Ans: $\frac{4-\pi}{8}$

16. $I = \int_0^2 \sqrt{4-x^2}\, dx$ Ans: π

17. $I = \int \frac{\sqrt{x}}{\sqrt{a^3 - x^3}}\, dx$ Ans: $\frac{2}{3}\sin^{-1}\left(\frac{x}{a}\right)^{3/2} + C$

18. $I = \int \sqrt{3 - 2x - x^2}\, dx$

   Ans: $\frac{1}{2}(x+1)\sqrt{3-2x-x^2} + \sin^{-1}\frac{x+1}{2} + C$

19. $I = \int \frac{x^2 + 3x + 4}{\sqrt{x}}\, dx$ Ans: $\frac{2}{7}x^{\frac{7}{2}} + 2x^{\frac{3}{2}} + 8\sqrt{x} + C$

20. $I = \int \frac{\tan x^4 \sqrt{x} \cdot \sec^2 \sqrt{x}}{\sqrt{x}}\, dx$ Ans: $\frac{2}{5}\tan^5 \sqrt{x} + C$

21. $I = \int \frac{\sin x}{\sin(x+a)}\, dx$ Ans: $x\cos a - \sin a \cdot \log|\sin(x+a)| + C$

22. $I = \int \frac{1}{1+\tan x}\, dx$ Ans: $\frac{x}{2} + \frac{1}{2}\log|\cos x + \sin x| + C$

23. $I = \int \frac{1}{x-\sqrt{x}} dx$ $\qquad$ Ans: $2.\log|\sqrt{x}-1| + C$

24. $I = \int (x^3-1)^{\frac{1}{3}}.x^5 dx$ $\qquad$ Ans: $\frac{1}{7}(x^3-1)^{\frac{7}{3}} + \frac{1}{4}(x^3-1)^{\frac{4}{3}} + C$

25. $I = \int \frac{x}{e^{x^2}} dx$ $\qquad$ Ans: $\frac{-1}{2e^{x^2}} + C$

26. $I = \int \frac{e^{2x}-1}{e^{2x}+1} dx$ $\qquad$ Ans: $\log|e^x + e^{-x}| + C$

27. $I = \int \frac{\sin x}{1+\cos x}$ $\qquad$ Ans: $-\log|1+\cos x| + C$

28. $I = \int \frac{1}{1+\cot x}$ $\qquad$ Ans: $\frac{x}{2} - \frac{1}{2}\log|\sin x + \cos x| + C$

29. $I = \int \frac{\sqrt{\tan x}}{\sin x.\cos x}$ $\qquad$ Ans: $2\sqrt{\tan x} + C$

30. $I = \int \sin^{-1}(\cos x) dx$ $\qquad$ Ans: $\frac{\pi x}{2} - \frac{x^2}{2} + C$

31. $I = \int \frac{e^x(1+x)}{\cos^2(e^x.x)} dx$ $\qquad$ Ans: $(\tan(e^x.x)) + C$

32. $I = \int_0^{\frac{\pi}{2}} \cos^2 x\, dx$ $\qquad$ Ans: $\frac{\pi}{4}$

33. $I = \int_0^1 x.e^{x^2} dx$ $\qquad$ Ans: $\frac{1}{2}(e-1)$

34. $I = \int \frac{1}{\sqrt{1+4x^2}} dx$ $\qquad$ Ans: $\frac{1}{2}\log|2x + \sqrt{4x^2+1}| + C$

35. $I = \int \frac{1}{9x^2+6x+5}$ $\qquad$ Ans: $\frac{1}{6}\tan^{-1}\left(\frac{3x+1}{2}\right) + C$

36. $I = \int x.\sin^{-1}x\, dx$

$\qquad$ Ans: $\frac{1}{4}(2x^2-1)\sin^{-1}x + \frac{x}{4}\sqrt{1-x^2} + C$

37. $I = \int \frac{x.e^x}{(1+x)^2} dx$ $\qquad$ Ans: $\frac{e^x}{1+x} + C$

38. $I = \int_0^{\frac{\pi}{2}} \frac{\sqrt{\sin x}}{\sqrt{\sin x}+\sqrt{\cos x}}$ $\qquad$ Ans: $\frac{x}{4}$

39. $I = \int_{-5}^{5} |x+2|\, dx$ $\qquad$ Ans: 29

40. $I = \int_0^2 x\sqrt{2-x}\, dx$ $\qquad$ Ans: $\frac{16\sqrt{2}}{15}$

41. $I = \frac{x^3 \sin(\tan^{-1}x^4)}{1+x^8} dx$ $\qquad$ Ans: $\frac{-1}{4}\cos(\tan^{-1}x^4) + C$

42. $I = \int \sqrt{x^2-8x+7}\, dx$

$\qquad$ Ans: $\frac{1}{2}(x-4)\sqrt{x^2-8x+7} - \frac{9}{2}\log|x-4+\sqrt{x^2-8x+7}| + C$

43. $I = \int_1^2 \frac{5x^2}{x^2+4x+3} dx$ $\qquad$ Ans: $5 - \frac{5}{2}\left[9.\log\frac{5}{4} - \log\frac{3}{2}\right]$

44. $I = \int_0^1 \sin^{-1}\left(\frac{2x}{1+x^2}\right) dx$ $\qquad$ Ans: $\frac{\pi}{2} - \log 2$

45. $I=\int_{1/3}^{1}\frac{(x-x^3)^{1/3}}{x^4}\ dx$ Ans: 6

46. $I=\int_0^{\frac{\pi}{4}}\log(1+\tan x)\ dx$ Ans $=\frac{\pi}{2}\log 2$

47. $I=\int_0^{\pi}\log(1+\cos x)\ dx$ Ans: $-\pi\log 2$

48. $\int(\sqrt{\cot x}+\sqrt{\tan x})\ dx$ Ans: $\sqrt{2}\tan^{-1}\left(\frac{\tan x-1}{\sqrt{2\tan x}}\right)+C$

49. $I=\int_{-1}^{\frac{3}{2}}|x.\sin(\pi x)|\ dx$ Ans: $\frac{3}{\pi}+\frac{1}{\pi^2}$

50. $I=\int_{-0}^{\frac{3}{2}}x.\cos(\pi x)|\ dx$ Ans: $\frac{5\pi-2}{2\pi^2}$

51. $I=\int_0^{\pi}\frac{x}{a^2\cos^2+b^2\sin^2 x}\ dx$ Ans: $\frac{\pi^2}{2ab}$

52. $I=\int\frac{1}{\sqrt{\sin^3 x.\sin x(x+a)}}\ dx$ Ans: $\frac{-2}{\sin a}\sqrt{\frac{\sin(x+a)}{\sin x}}+C$

53. $I=\int\frac{\sqrt{x^2+1}+1[\log(x^2+1)-2\log x]}{x^4}\ dx$

Ans: $\frac{1}{3}\left(1+\frac{1}{x^2}\right)^{3/2}\left[\log\left(1+\frac{1}{x^2}\right)-\frac{2}{3}\right]+C$

54. $I=\int_{\frac{\pi}{6}}^{\frac{\pi}{3}}\frac{\sin x+\cos x}{\sqrt{\sin 2x}}\ dx$ Ans: $2\sin^{-1}\left(\frac{\sqrt{3}-1}{2}\right)$

55. $I=\int_0^{\frac{\pi}{4}}\frac{\sin x+\cos x}{9+16\sin 2x}\ dx$ Ans: $\frac{1}{40}\log 9$

56. $I=\int_1^4[|x-1|+|x-2|+|x-3|]\ dx$ Ans: $\frac{19}{2}$

57. $I=\int\frac{5x}{(x+1)(x^2+9)}\ dx$

Ans: $\frac{-1}{2}\log|x+1|+\frac{1}{4}\log(x^2+9)+\frac{3}{2}\tan^{-1}\frac{x}{3}+C$

58. $I=\int_{\frac{-\pi}{4}}^{\frac{\pi}{4}}\sin^2 x dx$ Ans: $\frac{\pi}{4}-\frac{1}{2}$

59. $I=\int_{-1}^{1}5x^4\sqrt{x^5+1}\ dx$ Ans: $\frac{4\sqrt{2}}{3}$

60. $I=\int_0^{\pi}\frac{x.\sin x}{1+\cos^2 x}\ dx$ Ans: $\frac{\pi^2}{4}$

61. $I=\int_{\frac{\pi}{6}}^{\frac{\pi}{3}}\frac{dx}{1+\sqrt{\cot x}}\ dx$ Ans $=\frac{\pi}{12}$

62. $I=\int_{-1}^{2}|x^3-x|\ dx$ Ans $=\frac{11}{4}$

63. $I=\int_0^{\pi}\frac{4x.\sin x}{1+\cos^2 x}\ dx$ Ans: π^2

64. $I=\int_0^{\frac{\pi}{2}}\log\sin x\ dx$ Ans: $\frac{-\pi}{2}\log 2$

65. $I = \int \frac{dx}{\sqrt{x}+x^{\frac{1}{3}}}$ Ans: $2\sqrt{x} - 3x^{\frac{1}{3}} + 6x^{\frac{1}{6}} - 6\log\left(1 + x^{\frac{1}{6}}\right) + C$

66. $I = \int_0^{\frac{\pi}{2}} \frac{\cos x}{(1+\sin x)(2+\sin x)} dx$ Ans: $\log \frac{3}{4}$

67. $I = \int \frac{\log x - 3}{(\log x)^4} dx$ Ans: $\frac{x}{(\log x)^3} + C$

68. $I = \int_0^\pi \frac{x}{1+\sin x} dx$ Ans: π

69. $I = \int_{-\pi}^{\pi} (3\sin x - 2)^2 dx$ Ans: 17π

70. $I = \int \frac{2x}{(x^2+1)(x^2+2)} dx$ Ans: $\log \frac{x^2+1}{x^2+2}$

71. $I = e^x . \sin 2x \, dx$ Ans: $\frac{1}{5} e^x (\sin 2x - 2\cos 2x) + C$

72. $I = \int_0^{2\pi} \frac{dx}{1+e^{\sin x}}$ Ans: π

73. $I = \int_1^4 [|x| + |3-x|] dx$ Ans: $\frac{13}{2}$

74. $I = \int_0^{\frac{\pi^2}{4}} \frac{\sin\sqrt{x}}{\sqrt{x}} dx$ Ans: 2

75. $I = \int_0^{\frac{\pi}{4}} \sin 2x . \sin 3x \, dx$ Ans: $\frac{3\sqrt{2}}{10}$

76. $I = \int_0^{\frac{\pi}{4}} \frac{1}{\sin x + \cos x} dx$ Ans: $\frac{1}{\sqrt{2}} . \log(\sqrt{2}+1)$

77. $I = \int_0^{\frac{\pi}{4}} \frac{x}{1+\cos 2x + \sin 2x} dx$ Ans: $\frac{\pi}{16} . \log 2$

Chapter 8
Application of the Integrals
(समाकलनों के अनुप्रयोग)

Circle (वृत) :-

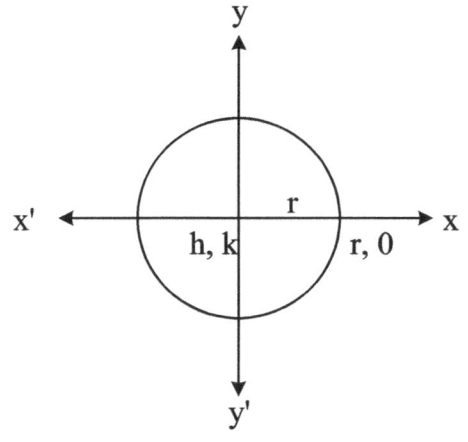

Equation of Circle (वृत का समीकरण)

$$(x-h)^2 + (y-k)^2 = r^2$$

$\{\because (h,k) = $ centre (केंद्र)

$R = $ radius (त्रिज्या)$\}$

Parabola (परवलय):-

(i)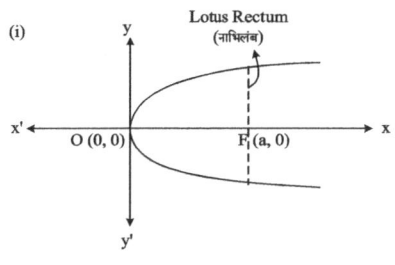

$$y^2 = 4ax$$

(ii)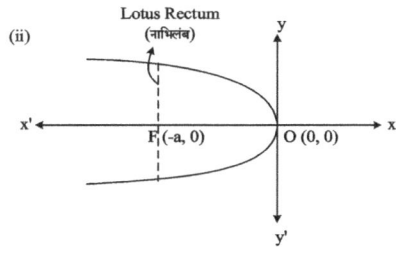

$$y^2 = -4ax$$

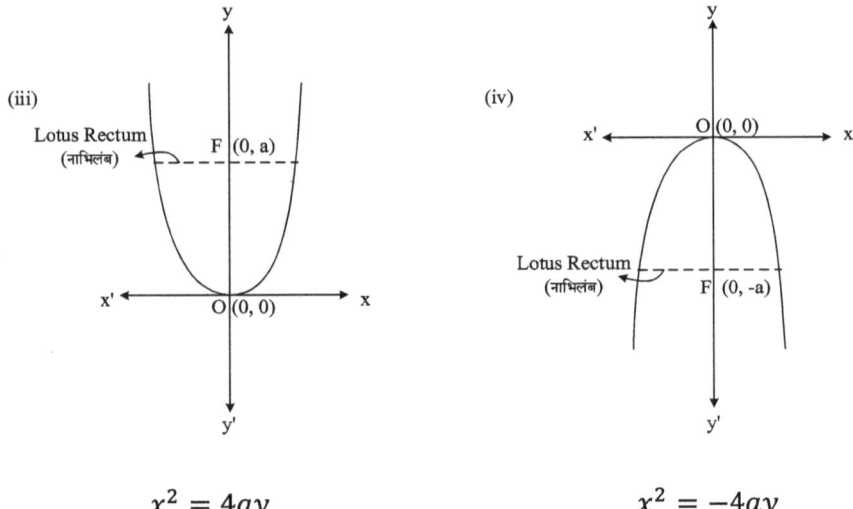

$$x^2 = 4ay$$

$$x^2 = -4ay$$

Ellipse (दीर्घवृत):-

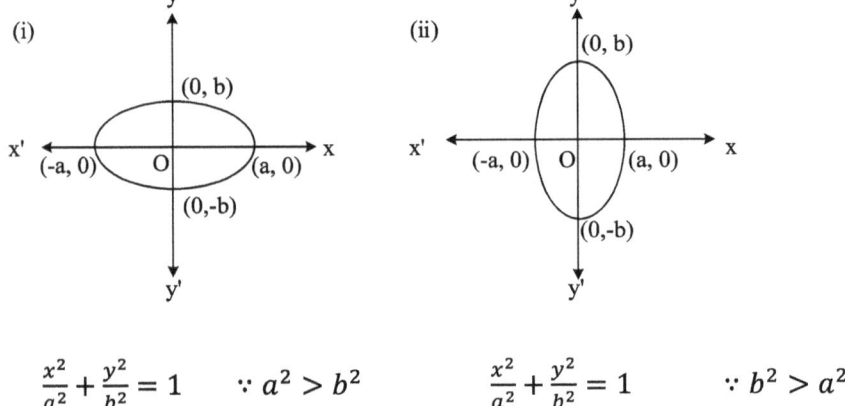

$\dfrac{x^2}{a^2} + \dfrac{y^2}{b^2} = 1 \qquad \because a^2 > b^2$

$\dfrac{x^2}{a^2} + \dfrac{y^2}{b^2} = 1 \qquad \because b^2 > a^2$

Equation of line (रेखा का समीकरण):-

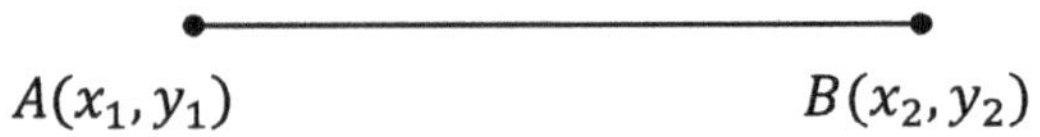

$A(x_1, y_1)$ \qquad $B(x_2, y_2)$

$$y - y_1 = \dfrac{y_2 - y_1}{x_2 - x_1}(x - x_1)$$

#Questions

1. Find the area enclosed by the circle $x^2 + y^2 = a^2$.
   (वृत $x^2 + y^2 = a^2$ का क्षेत्रफल ज्ञात कीजिए)

   Ans = πa^2

2. Find the area bounded between parabola $y^2 = 4ax$ and its lotus rectum.
   परवलय $y^2 = 4ax$ और उसके नाभिलंब के बीच के क्षेत्र का क्षेत्रफल ज्ञात कीजिए।

   Ans= $\frac{8}{3}a^2$

3. Find the area of region bounded by the ellipse $\frac{x^2}{25} + \frac{y^2}{16} = 1$
   दीर्घवृत $\frac{x^2}{25} + \frac{y^2}{16} = 1$ से घिरे क्षेत्र का क्षेत्रफल ज्ञात कीजिए।

   Ans= 20π

4. Find the area lying in the first quadrant and bounded by the circle $x^2 + y^2 = 4$ and the lines $x = 0$ and $x = 2$.
   प्रथम चतुर्थांश के वृत, $x^2 + y^2 = 4$ एवं रेखाओं $x = 0$ और $x = 2$ से घिरे क्षेत्र का क्षेत्रफल ज्ञात कीजिए।

   Ans= π

5. Sketch the graph of $y = |x + 3|$ and evaluate $\int_{-6}^{0} |x + 3| dx$.
   $y = |x + 3|$ का ग्राफ खींचिए एवं $\int_{-6}^{0} |x + 3| dx$ का मान ज्ञात कीजिए।

   Ans = 9

6. Find the area bounded by the curve $y = x^3$, the x-axis and the ordinates $x = -2$ and $x = 1$.
   वक्र $y = x^3$, x-अक्ष एवं कोटियों $x = -2, x = 1$ से घिरे क्षेत्र का क्षेत्रफल ज्ञात कीजिए।

   Ans= $\frac{-15}{4}$

7. Find the area of the region bounded by the line $y = 3x + 2$, the x-axis and the ordinates $x = -1$ and $x = 1$.

   रेखा $y = 3x + 2$, x-अक्ष एवं कोटियों $x = -1$ एवं $x = 1$ से घिरे क्षेत्र का क्षेत्रफल ज्ञात कीजिए।

   Ans= $\frac{13}{3}$

8. Find the area bounded by the curve $y = \cos x$ between $x = 0$ and $x = 2\pi$.

   $x = 0$ एवं $x = 2\pi$ के साथ वक्र $y = \cos x$ से घिरे क्षेत्र का क्षेत्रफल ज्ञात कीजिए।

   Ans=4

9. Find the area of the region bounded by the parabola $y = x^2$ and $y = |x|$.

   परवलय $y = x^2$ and $y = |x|$ से घिरे क्षेत्र का क्षेत्रफल ज्ञात कीजिए।

   Ans $\frac{-1}{3}$

10. Using integration, find the area of region bounded by the triangle whose vertices are $(-2, 1), (0,4)$ and $(2, 3)$

    समाकलन का प्रयोग करते हुए उस त्रिभुज से घिरे क्षेत्र का क्षेत्रफल ज्ञात कीजिए जिसके शीर्ष $(-2, 1), (0, 4)$ और $(2, 3)$

    Ans = 4

11. Find the area bounded by the curve $y = x|x|$, x-axis and the ordinates $x = -1$ and $x = 1$.

    वक्र $y = x|x|$, x-अक्ष एवं कोटियों $x = -1$ तथा $x = 1$ से घिरे क्षेत्र का क्षेत्रफल ज्ञात कीजिए।

    Ans= $\frac{2}{3}$

12. Find the area of the region bounded by the curve $y^2 = 4x$, y-axis and the line $y = 3$.

    वक्र $y^2 = 4x$, y- अक्ष एवं रेखा $y = 3$ से घिरे क्षेत्र का क्षेत्रफल ज्ञात कीजिए।

    Ans= $\frac{9}{4}$

13. Find the area of the region bounded by the ellipse $\frac{x^2}{4} + \frac{y^2}{9} = 1$.

    दीर्घवृत $\frac{x^2}{4} + \frac{y^2}{9} = 1$ से घिरे क्षेत्र का क्षेत्रफल ज्ञात कीजिए।

    Ans = 6π

14. Find the area bounded by the curve $y = \sin x$ between $x = 0$ and $x = 2\pi$.

    $x = 0$ और $x = 2\pi$ तथा वक्र $y = \sin x$ से घिरे क्षेत्र का क्षेत्रफल ज्ञात कीजिए।

    Ans = 4

Chapter 9
Differential Equation
(अवकल समीकरण)

 # Basic Concepts (आधारभूत संकल्पनाएँ) :-

$$\frac{dy}{dx} = y' \qquad \frac{d^2y}{dx^2} = y'' \qquad \frac{d^3y}{dx^3} = y'''$$

* Order of the differential equation (अवकल समीकरण की कोटि):-

Order of a differential equation is the order of the highest order derivative occurring in the differential equation.

किसी अवकल समीकरण में सम्मिलित उच्चतम अवकलज की कोटि, उस अवकल समीकरण की कोटि कहलाती है।

Example :

$\frac{d^3y}{dx^3} + 2\left(\frac{d^2y}{dx^2}\right)^2 - \frac{dy}{dx} + y = 0$ $\qquad \rightarrow$ order (कोटि) = 3

$\left(\frac{d^2y}{dx^2}\right)^2 + \left(\frac{dy}{dx}\right) - \sin^{-1} y = 0$ $\qquad \rightarrow$ order(कोटि) = 2

* Degree of a differential equation (अवकल समीकरण की घात):-

Degree (when defined) of a differential equation is the highest power of the highest order derivative in it.

किसी अवकल समीकरण की घात (यदि परिभाषित हो) उस अवकल समीकरण में सम्मिलित उच्चतम कोटि अवकलन की उच्चतम घात होती है

Example: $\frac{d^3y}{dx^3} + x^2\left(\frac{d^2y}{dx^2}\right)^2 = 0$ $\qquad \rightarrow$ degree (घात) =1

$\qquad\quad y''' + y^2 + e^{y^1} = 0$ $\qquad \rightarrow$ degree (घात) = not defined

General and Particular solutions of differential equation

(अवकल समीकरण का व्यापक और विशिष्ट हल):-

The solution which contains as many arbitrary Constants as the order of the differential equation is called a general solution and the solution free from arbitrary Constants is called particular solution.

एक ऐसा हल जिसमें उतने ही स्वच्छ अचर हो, जिसनी उस अवकल समीकरण की कोटि है, व्यापक हल कहलाता है और स्वेच्छ अचरों से मुक्त हल विशिष्ट हल कहलाता है।

Method of solving First Order, First Degree differential equation

(प्रथम कोटि एवं प्रथम घात के अवकल समीकरण को हल करने की विधियों:-

1. **Differential equations with variables separable (पृथक्करणीय चर वाले अवकल समीकरण):-**

step-1:Arrange the given differential equation, in the form,

दिए गए समीकरण को इस रूप में व्यवस्थित करें,

$$\frac{dy}{dx} = f(x) \,.\, g(y)$$

Step-2: Separate the dependent and the independent variable can either side of the equal sign.

बराबर चिह्न के दोनों और आश्रित और स्वतंत्र चर को अलग करें।

$$\frac{d(y)}{g(y)} = f(x).\,dx$$

Step-3.: Integrating both sides individually to get the required Solution.

आवश्यक समाधान प्राप्त करने के लिए दोनों पक्षों को अला-अलग एकीकृत करें।

$$\int \frac{dy}{g(y)} = \int f(x)dx$$

2. **Homogenous differential equation (समधातीय अवकल समीकरण):-**

Homogenous differential equations are these equations that contain a homogenous function. We can solve a homogenous differential equation in the form of $\frac{dy}{dx} = f(x,y)$ or $\frac{dx}{dy} = f(x,y)$

In which $f(x,y)$ is a homogeneous and put $y = vx$ in y/x or $x = vy$ in x/y in this equation respectively and $f(x,y)$ is a homogenous function. In the last, we put the value of v and solve the differential equation.

समघातीय अवकल समीकरण वे समीकरण होते हैं जिनमें एक समघातीय फलन होता है। हम $dy/dx = f(x,y)$ या $\frac{dx}{dy} = f(x,y)$ के रूप में एक समघातीय अवकल समीकरण हल कर सकते हैं। जिसमें क्रमशः y/x में $y = vx$ या x/y में $x = vy$ रखते हैं तथा $f(x,y)$ एक समघातीय फलन है। अंत में v का मान वापस रखकर अवकल समीकरण को हल करते हैं।

3. **Linear differential equation (रैखिक अवकल समीकरण) :–**

Step- I. Write the given differential equation in the form $\frac{dy}{dx} + Py = Q$ where P, Q are constants or function of x only.

दिए हुए अवकल समीकरण $\frac{dy}{dx} + Py = Q$ के रूप में लिखिए जिसमें P, Q अचर अथवा केवल x के फलन हैं।

or

Write the given differential equation in the form $\frac{dx}{dy} + Px = Q$ where P, Q are constants or function of y only.

दिए हुए अवकल समीकरण को कर $\frac{dx}{dy} + Px = Q$. के रूप में लिखिए जिसमें P, Q अचर अथवा केवल y के फलन है।

Step-II. Find the integrating factor (I.F) = $e^{\int P dx}$

समाकल गुणक (I.F) = $e^{\int P dx}$ ज्ञात कीजिए।

Or

Find the integrating factor (I.F) = $e^{\int P dy}$

समकल गुणक (I.F) = $e^{\int P dy}$ ज्ञात कीजिए।

Step-III Write the solution of the given differential equation as

दिए गए अवकल समीकरण का हल निम्नलिखित रूप में लिखिए :

$y.(I.F) = \int (Q \times I.F) dx + C$

Or

$x.(I.F) = \int (Q \times I.F) dy + C$

Integral Factor (समाकल गुणक):-

$\frac{dy}{dx} + Py = Q$ 　　　or 　　　$\frac{dx}{dy} + Px = Q$

　↓ 　　　　　　　　　　　　　　↓

I.F = $e^{\int P dx}$ 　　　　　　　　I.F = $e^{\int P dy}$

Questions:-

1. Find the order and degree of differential equation-
   अवकल समीकरण की कोटि और घात ज्ञात कीजिए-

   (i) $xy \cdot \frac{d^2y}{dx^2} + x\left(\frac{dy}{dx}\right)^3 - y \cdot \frac{dy}{dx} = 0$ Ans: O = 2, D = 1

   (ii) $\left(\frac{d^2y}{dx^2}\right)^3 + \left(\frac{dy}{dx}\right)^2 + y + 1 = 0$ Ans: O = 2, D = 3

   (iii) $\left(\frac{d^2y}{dx^2}\right)^2 + \cos\left(\frac{dy}{dx}\right) = 0$ Ans: O = 2, D = not defined

   (iv) $y'' + 2y' + \sin y = 0$ Ans: O = 2, D = 1

   (v) $\left(\frac{ds}{dt}\right)^4 + 3s \frac{d^2s}{dt^2} = 0$ Ans: O = 2, D = 1

2. Solve the following differential equation:
   निम्न अवकल समीकरण को हल कीजिए-

   (i) $(x^3 + x^2 + x + 1)\frac{dy}{dx} = 2x^2 + x$

   Ans= $\frac{1}{2}\log|x + 1| + \frac{3}{4}\log|x^2 + 1| - \frac{1}{2}\tan^{-1} x + C$

   (ii) $(1 + y^2)(1 + \log x)dx + x dy = 0$

   Ans $= \frac{1}{2}(1 + \log x)^2 + \tan^{-1} y = C$

   (iii) $e^x \tan y \, dx + (1 - e^x)\sec^2 y \, dy = 0$

   Ans $= \tan y = e^c (1 - e^x)$

3. Find the general solution of the following differential equation:
   निम्न अवकल समीकरण का व्यापक हल ज्ञात कीजिए

   (i) $y dx - (x + 2y^2) dy = 0$ Ans: $x = 2y^2 + cy$

   (ii) $x\frac{dy}{dx} + 2y = x^2$ Ans: $x^2 y = \frac{1}{4} x^4 + C$

   (iii) $(1 + x^2)\frac{dy}{dx} + y = \tan^{-1} x$

   Ans: $y = \tan^{-1} x - 1 + c e^{\tan^{-1} x}$

   (iv) $x \cdot \log x \cdot \frac{dy}{dx} + y = \frac{2}{x} \cdot \log x$

   Ans: $y \cdot \log x = \frac{-2}{x} (\log x + 1) + C$

   (v) $\frac{dy}{dx} - y = \sin x$

   Ans: $y e^{-x} = -\frac{1}{2} e^{-x}(\sin x + \cos x) + C_1 + C_2$

   (vi) $\frac{dy}{dx} = \frac{1+y^2}{1+x^2}$ Ans: $\tan^{-1} y = \tan^{-1} x + C$

   (vii) $xy' = y(\log y - \log x + 1)$ Ans: $\log \frac{y}{x} = cx$

(viii) $\frac{dy}{dx} + \sqrt{\frac{1-y^2}{1-x^2}} = 0$ Ans: $\sin^{-1} y + \sin^{-1} x = C$

(ix) $\frac{ydx - xdy}{y} = 0$ Ans: $y = Cx$

(x) $(e^x + e^{-x}) dy - (e^x - e^{-x}) dx = 0$
     Ans: $y = \log(e^x + e^{-x}) + C$

4. Find the particular solution of the following differential equation:
निम्न अवकल समीकरण का विशिष्ट हल ज्ञात करें:

(i) $\frac{dy}{dx} = y \tan x \, ; \, y = 1, x = 0$ Ans: $y = \sec x$

(ii) $xy \cdot \frac{dy}{dx} = (x+2)(y+2) \, ; \, y = -1, x = 1$
     Ans: $y + 2 - 2\log(y+2) = x + 2.\log x$

(iii) $\frac{dy}{dx} = 1 + x^2 + y^2 + x^2 y^2 \, ; \, y = 1, x = 0$
     Ans: $y = \tan\left(x + \frac{x^3}{3} + \frac{\pi}{4}\right)$

(iv) $\frac{dy}{dx} + y \cot x = 2x + x^2 . \cot x \, ; \, y = 0, x = \frac{\pi}{2}$
     Ans: $y = x^2 - \frac{\pi^2}{4.sinx}$

(v) $(1 + x^2) dy + 2xy dx = \cot x \, ; \, y = 0, x = \frac{\pi}{2}$
     Ans: $y(1 + x^2) = \log|\sin x|$

(vi) $(x^3 + x^2 + x + 1)\frac{dy}{dx} = 2x^2 + x; \, y = 1, x = 0$
     Ans: $y = \frac{1}{4}[(x+1)^2(x^2+1)^3] - \frac{1}{2}\tan^{-1} x + 1$

(vii) $x \cdot \frac{dy}{dx} - y = x^2 . e^2, y(1) = 0$ Ans: $y = xe^x - e^x$

5. Find the equation of a curve passing they through the point (0, -2) given that at any point (x, y) on the curve, the product of the slope of its tangent and y-coordinate of the point is equal to the x-coordinate of the point.

बिंदु (0, -2) से गुजरने वाले ऐसे वक्र का समीकरण ज्ञात कीजिए जिसके किसी बिंदु (x, y) के स्पर्श रेखा की प्रवणता और उस बिंदु के y -निर्देशांक का गुणनफल उस बिंदु के x-निर्देशांक के बराबर है)

     Ans: $y^2 - x^2 = 4$

6. In a bank, principal increases continuously at the rate of 5% per year. An amount of 1000 is deposited with this bank, how much will it worth after 10 years ($e^{0.5} = 1.648$)

किसी बैंक में मुलधन की वृद्धि 5% वार्षिक दर से होती हैं। इस बैंक में ₹ 1000 जमा करवाए जाते हैं। ज्ञात कीजिए कि 10 वर्ष बाद यह राशि कितनी हो जाएगी? ($e^{0.5} = 1.648$)

Ans. 1648

7. What will be the number of arbitrary constants in the general solution of a fourth order differential equation?

चार कोटि वाले किसी अवकल समीकरण के व्यापक हल में उपस्थित स्वेच्छ अचरों की संख्या कितनी होगी?

Ans. = 4

8. What will be the number of arbitrary constants in the particular solution of a third order differential equation?

तीन कोटि वाले किसी अवकल समीकरण के विशिष्ट हल में उपस्थित स्वेच्छ अचरों की संख्या कितनी होगी?

Ans = 0

9. In a bank, principal increases continuously at the rate of 5% per year. In how many years Rs 1000 double itself?

किसी बैंक में मुलधन की वृद्धि 5%. वार्षिक दर से होती है। कितने वर्षों में ₹1000 की राशि दोगुनी हो जाएगी?

Ans: 20 log 2

10. Show that the differential equation $x.cos\left(\frac{y}{x}\right).\frac{dy}{dx} = y.cos\left(\frac{y}{x}\right) + x$ is homogeneous and solve it.

दर्शाईए कि अवकल समीकरण $x.cos\left(\frac{y}{x}\right).\frac{dy}{dx} = y.cos\left(\frac{y}{x}\right) + x$ समघातीय है और इसका हल ज्ञात कीजिए

Ans: $\sin\left(\frac{y}{x}\right) = \log|cx|$

11. Show that the differential equation $\left(1 + e^{\frac{x}{y}}\right)dx + e^{\frac{x}{y}}\left(1 - \frac{x}{y}\right)dy = 0$ is homogeneous and solve it.

दर्शाइए कि अवकल समीकरण $\left(1 + e^{\frac{x}{y}}\right)dx + e^{\frac{x}{y}}\left(1 - \frac{x}{y}\right)dy = 0$ समघातीय है और इसका हल ज्ञात कीजिए।

12. Write the integrating factor of the following differential equations:
निम्न अवकल समीकरणों का समाकल गुणक लिखिए :

(i) $\frac{dy}{dx} + y\sec^2 x = \sec x + \tan x$ Ans: $y = \cos x + ce^{-x}$

(ii) $x\frac{dy}{dx} - 3y = x^2$ Ans: $\frac{x^2}{5} + \frac{C}{x^3} = y$

(iii) $(1 - y^2)\frac{dx}{dy} + yx = ay$ Ans: $\frac{1}{\sqrt{1-y^2}}$

13. The differential equation representing the family of curve $y = a\sin(x + b)$ is :
$y = a\sin(x + b)$ से प्रदत्त वक्रों के परिवार की अवकल समीकरण है:

(A) $\frac{d^2y}{dx^2} = y$ (B) $a.\frac{d^2y}{dx^2} = by$

(C) $b.\frac{d^2y}{dx^2} = ay$ (D) $\frac{d^2y}{dx^2} + y = 0$

Ans: (D)

14. Find the general solution of the differential equation:

अवकल समीकरण का व्यापक हल ज्ञात कीजिए:

$$(x^3 + y^3)dy = x^2.ydx$$

Ans: $\frac{x^3}{3y^3} = \log y + C$

15. Find the following differential equation:
निम्न अवकल समीकरण को हल ज्ञात कीजिए:

(i) $(y - \sin^2 x)dx + \tan x . dy = 0$

Ans: $y.\sin x = \frac{sin^3 x}{3} + C_2 + C_1$

(ii) $\left(1 + e^{\frac{x}{y}}\right)dx + e^{\frac{x}{y}}\left(1 - \frac{x}{y}\right)dy = 0$

Ans: $\frac{x}{y} + e^{\frac{x}{y}}.y = C$

16. Find the particulas solution of the differential equation:
अवकल समीकरण का विशिष्ट हल ज्ञात कीजिए:

(i) $x^2.\frac{dy}{dx} - xy = 1 + cos\left(\frac{y}{x}\right), x = 1, y = \frac{\pi}{2}$

Ans: $\tan\left(\frac{y}{2x}\right) = \frac{-1}{2x^2} + \frac{3}{2}$

(ii) $2xy + y^2 - 2x^2\frac{dy}{dx} = 0, y = 2, x = 1$

Ans: $y = \frac{2x}{1-\log x}$

(iii) $\left(x\, e^{\frac{x}{y}} + y\right) dx = x.dy,\ \ y = 1, x = 1$

Ans: $-\log y - 0.7$

Chapter 10
Vector
(सदिश)

Vector (सदिश) :-

A physical quantity that has both magnitude and direction is called a vector.

For eg:- In a line, the length of the line is magnitude, and the arrow is it's direction.

एक भौतिक राशि जिसमें परिणाम और दिशा दोनो होते हैं, उसे सदिश कहते हैं। उदाहरण के लिए – एक रेखा में रेखा की लंबाई परिमाण है और तीर उसकी दिशा है।

$\overrightarrow{OX} = \hat{\imath} + O\hat{\jmath} + O\hat{k}$

$\overrightarrow{OY} = 0\hat{\imath} + \hat{\jmath} + O\hat{k}$

$\overrightarrow{OZ} = 0\hat{\imath} + O\hat{\jmath} + \hat{k}$

ĵ
î

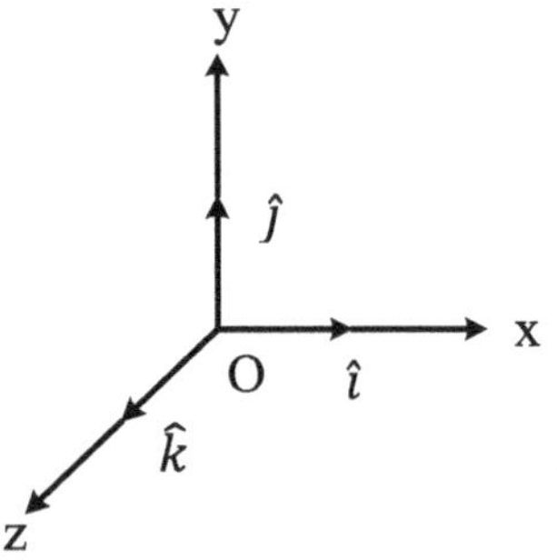

#Properties and formulas (गुणधर्म और सूत्र):-

Let (माना) $\vec{a} = a_1\hat{\imath} + a_2\hat{\jmath} + a_3\hat{k}$

$\vec{b} = b_1\hat{\imath} + b_2\hat{\jmath} + b_3\hat{k}$

- ❖ $(\vec{a} \pm \vec{b}) = (a_1 \pm b_1)\vec{\imath} + (a_2 \pm b_2)\vec{\jmath} + (a_3 \pm b_3)\vec{k}$
- ❖ $\vec{a}.\vec{b} = a_1b_1 + a_2b_2 + a_3b_3$
- ❖ $\vec{a} \times \vec{b} = \begin{vmatrix} \hat{\imath} & \hat{\jmath} & \hat{k} \\ a_1 & a_2 & a_3 \\ b_1 & b_2 & b_3 \end{vmatrix}$ $\left\{ \begin{matrix} \because \hat{\imath}.\hat{\imath} = 1 & \hat{\imath} \times \hat{\jmath} = \hat{k} & \hat{\jmath} \times \hat{\imath} = -\hat{k} \\ \hat{\jmath}.\hat{\jmath} = 1 & \hat{\jmath} \times \hat{k} = \hat{\imath} & \hat{k} \times \hat{\jmath} = -\hat{\imath} \\ \hat{k}.\hat{k} = 1 & \hat{k} \times \hat{\imath} = \hat{\jmath} & \hat{\imath} \times \hat{k} = -\hat{\jmath} \end{matrix} \right.$

î
ĵ

- ❖ $\vec{a} \perp \vec{b} \rightarrow \vec{a}.\vec{b} = 0$
- ❖ Magnitude $|\vec{a}| = \sqrt{a_1^2 + a_2^2 + a_3^2}$

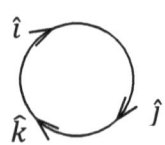

(परिमाण)　　$|\vec{b}| = \sqrt{b_1^2 + b_2^2 + b_3^2}$

❖　$\vec{a} || \vec{b} \rightarrow \vec{a} \times \vec{b} = 0$

* Unit Vector (मात्रक सदिश) :-

Note: If a vector is a unit vector, then its magnitude will always be 1.

कोई भी सदिश मात्रक सदिश होता है तो उसका परिमाण सदैव 1 होता है।

$$\hat{a} = \frac{\vec{a}}{|\vec{a}|}$$

❖　**Angle between $\vec{a}$ and $\vec{b}$ ($\vec{a}$ और $\vec{b}$ बीच का कोण):-**

Scalar Product (अदिश गुणनफल):　　　Vector Product (सदिश गुणनफल):

$\vec{a} \cdot \vec{b} = |\vec{a}| \cdot |\vec{b}| \cos \theta$　　　　　$\vec{a} \times \vec{b} = |\vec{a}||\vec{b}| \sin \theta$

$\cos \theta = \dfrac{\vec{a} \cdot \vec{b}}{|\vec{a}||\vec{b}|}$　　　　　　$\sin \theta = \dfrac{\vec{a} \times \vec{b}}{|\vec{a}||\vec{b}|}$

Vector joining two points (दो बिंदुओं को मिलाने वाला सदिश):-

　　　　　　　●───────────●
　　　　　　$A(x_1, y_1, z_1)$　　　$B(x_2, y_2, z_2)$

$\vec{A} = x_1 \hat{i} + y_1 \hat{j} + z_1 \hat{k}$
$\vec{B} = x_2 \hat{i} + y_2 \hat{j} + z_2 \hat{k}$

$\vec{AB} = \vec{B} - \vec{A}$　$= (x_2 \hat{i} + y_2 \hat{j} + z_2 \hat{k}) - (x_1 \hat{i} + y_1 \hat{j} + z_1 \hat{k})$

　　　　　　　　$= (x_2 - x_1)\hat{i} + (y_2 - y_1)\hat{j} + (z_2 - z_1)\hat{k}$

Collinear Vectors (संरेख सदिश):

$\vec{a} = \pm \lambda \vec{b}$ or $\vec{b} = \pm \lambda \vec{a}$　($\because \lambda$ = constant (अचर))

Area of Parallelogram (समांतर चतुर्भुज का क्षेत्रफल):-

क्षेत्रफल $= |\vec{a} \times \vec{b}|$

Or

क्षेत्रफल $= \frac{1}{2}|\vec{a} \times \vec{b}|$ $\rightarrow$ { $\because \vec{a}$ & $\vec{b}$ are diagonals (विकर्ण)

The position vector of a point R dividing a line segment joining the points P and Q whose position vectors are a and b respectively in the ratio $m:n$

(i) internally, is given by $\frac{n\vec{a} + m\vec{b}}{m+n}$

(ii) externally, is given by $\frac{m\vec{b} - n\vec{a}}{m-n}$

बिंदुओं P और Q जिनके स्थिति सदिश क्रमशः a और b है, को मिलाने वाली रेखा को $m:n$ के अनुपात में विभाजित करने वाले बिंदु R का स्थिति सदिश (i) $\frac{n\vec{a} + m\vec{b}}{m+n}$ अंतः विभाजन पर (ii) $\frac{m\vec{b} - n\vec{a}}{m-n)}$ बाह्य विभाजन पर, के रूप में प्राप्त होता है।

*The magnitude (r), direction ratios (a, b, c) and direction cosines (l, m, n) of any vector are related as:

एक सदिश का परिमाण (r), दिक-अनुपात (a, b, c) और दिक-कोसाइन (l, m, n) निम्नलिखित रूप से संबंधित है: $l = \frac{a}{r}$, $m = \frac{b}{r}$, $n = \frac{c}{r}$

Area of Triangle (त्रिभुज का क्षेत्रफल):-

Area (क्षेत्रफल) $= \frac{1}{2}|\overrightarrow{AB} \times \overrightarrow{AC}|$

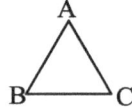

Projection (प्रक्षेप):-

(i) $\vec{a}$ on $\vec{b}$ $= \frac{\vec{a}.\vec{b}}{|\vec{b}|}$

(ii) $\vec{b}$ on $\vec{a}$ $= \frac{\vec{a}.\vec{b}}{|\vec{a}|}$

#Questions:-

1. Find the value of x, y and z so that the vectors $\vec{a} = x\hat{i} + 2\hat{j} + z\hat{k}$ and $\vec{a} = 2\hat{i} + y\hat{j} + \hat{k}$ are equal.

   x, y और z के मान ज्ञात कीजिए ताकि सदिश $\vec{a} = x\hat{i} + 2\hat{j} + z\hat{k}$ और $\vec{a} = 2\hat{i} + y\hat{j} + \hat{k}$ समान हैं।

   Ans. $x = 2, y = 2, z = 1$

2. Find a vector in the direction of vector $\vec{a} = \hat{i} - 2\hat{j}$ that has magnitude 7 units.

   सदिश $\vec{a} = i - 2j$ के अनुदिश एक ऐसा सदिश ज्ञात कीजिए जिसका परिमाण 7 इकाई है।

   Ans = $7/\sqrt{5}\hat{i}$ -$14\sqrt{5}\hat{j}$

3. Find the unit vector in the direction of the sum of the vectors, $\vec{a} = 2\hat{i} + 2\hat{j} - 5\hat{k}$ and $\vec{b} = 2\hat{i} + \hat{j} + 3\hat{k}$

   सदिशों $\vec{a} = 2\hat{i} + 2\hat{j} - 5\hat{k}$ और $\vec{b} = 2\hat{i} + \hat{j} + 3\hat{k}$ के योगफल के अनुदिश मात्रक सदिश ज्ञात कीजिए।

   Ans = $\frac{4}{\sqrt{29}}\hat{i} + \frac{3}{\sqrt{29}}\hat{j} - \frac{2}{\sqrt{29}}\hat{k}$

4. For given vectors, $\vec{a} = 2\hat{i} - \hat{j} + 2\hat{k}$ and $\vec{b} = -\hat{i} + \hat{j} - \hat{k}$, find the unit vector in the direction of the vector $\vec{a} + \vec{b}$.

   दिए हुए सदिशों $\vec{a} = 2\hat{i} - \hat{j} + 2\hat{k}$ और $\vec{b} = -\hat{i} + \hat{j} - \hat{k}$,, के लिए, सदिश $\vec{a} + \vec{b}$ के अनुदिश मात्रक सदिश ज्ञात कीजिए।

   Ans = $\frac{1}{\sqrt{2}}\hat{i} + \frac{1}{\sqrt{2}}\hat{k}$

5. Show that the vectors $2\hat{i} - 3\hat{j} + 4\hat{k}, -4\hat{i} + 6\hat{j} - 8\hat{k}$ are collinear.

   दर्शाइए कि सदिश $2\hat{i} - 3\hat{j} + 4\hat{k}$ और $-4\hat{i} + 6\hat{j} - 8\hat{k}$ सरेख हैं।

6. Find the direction cosines of the vector joining the points $A(1, 2, -3)$ and $B(-1, -2, 1)$, directed from A to B.

   बिंदुओं $A(1,2,3)$ और $B(-1,-2,1)$ को मिलाने वाले एवं A से B की तरफ दिष्ट सदिश की

दिक्-कोसाइन ज्ञात कीजिए।

$$\text{Ans} = \frac{-1}{3}, \frac{-2}{3}, \frac{2}{3}$$

7. Show that the vector $\hat{i} + \hat{j} + \hat{k}$ is equally inclined to the axes OX, OY and OZ.

   दर्शाइए कि सदिश $\hat{i} + \hat{j} + \hat{k}$ अक्षों OX, OY और OZ के साथ बराबर झुका हुआ है।

8. Find the angle between the vectors $\hat{i} - 2\hat{j} + 3\hat{k}$ and $3\hat{i} - 2\hat{j} + \hat{k}$.

   सदिशों $\hat{i} - 2\hat{j} + 3\hat{k}$ और $3\hat{i} - 2\hat{j} + \hat{k}$ के बीच का कोण ज्ञात कीजिए।

   $$\text{Ans: } -\theta = \cos^{-1}\left(\frac{5}{7}\right)$$

9. Find the value of $\hat{i} \cdot (\hat{j} \times \hat{k}) + \hat{j} \cdot (\hat{i} \times \hat{k}) + \hat{k}(\hat{i} \times \hat{j})$

   $\hat{i} \cdot (\hat{j} \times \hat{k}) + \hat{j} \cdot (\hat{i} \times \hat{k}) + \hat{k}(\hat{i} \times \hat{j})$ का मान ज्ञात कीजिए।

   Ans: 1

10. Find the vector components of the vector with initial points $(2, 1)$ and terminal points $(-5, 7)$.

    प्रारंभिक बिंदु $(2, 1)$ और अंतिम बिंदु $(-5, 7)$ वाले सदिश के सदिश घटक ज्ञात कीजिए।

    Ans: $-7\hat{i}, 6\hat{j}$

11. Find the value of $(2\hat{i} - 3\hat{j} + 4\hat{k}) \times (3\hat{i} + 4\hat{j} - 4\hat{k})$.

    $(2\hat{i} - 3\hat{j} + 4\hat{k}) \times (3\hat{i} + 4\hat{j} - 4\hat{k})$ का मान ज्ञात कीजिए।

    Ans. $= -4\hat{i} + 20\hat{j} + 17\hat{k}$

12. If $\vec{a} \times \vec{b} = \vec{c} \times \vec{d}$ and $\vec{a} \times \vec{c} = \vec{b} \times \vec{d}$ then Prove that $\vec{a} - \vec{d}$ is parallel to $\vec{b} - \vec{c}$.

    यदि $\vec{a} \times \vec{b} = \vec{c} \times \vec{d}$ और $\vec{a} \times \vec{c} = \vec{b} \times \vec{d}$, तो सिद्ध कीजिए कि $\vec{a} - \vec{d}$ समांतर हैं $\vec{b} - \vec{c}$ के

13. $|\vec{a}|=10, |\vec{b}|=2$, and $\vec{a}.\vec{b}=12$ then find the value of $|\vec{a} \times \vec{b}|$

$|\vec{a}|=10$, $|\vec{b}|=2$, और $\vec{a}.\vec{b}=12$. $|\vec{a}\times\vec{b}|$ का मान ज्ञात कीजिए।

Ans = 16

14. Find $|\vec{a}-\vec{b}|$; if two vectors $\vec{a}$and $\vec{b}$ are such that $|\vec{a}|=2$, $|\vec{b}|=3$ and $\vec{a}.\vec{b}=4$.

$|\vec{a}| = 2$, $|\vec{b}| = 3$, और $\vec{a}\ .\ \vec{b} = 4$ इस प्रकार दो सदिशों $\vec{a}$ और $\vec{b}$ के लिए $|\vec{a} - \vec{b}|$ ज्ञात कीजिए।

Ans = $\sqrt{5}$

15. If $|\vec{a}|=10$, $|\vec{b}|=2$ and $\vec{a}.\vec{b}=12$, then find the value of $\sin\theta$ where θ is the angle between vectors $\vec{a}$ and $\vec{b}$.

यदि $|\vec{a}| = 10$, $|\vec{b}| = 2$, और $\vec{a}\cdot\vec{b} = 12$, तो सदिशों $\vec{a}$ और $\vec{b}$ के बीच का कोण θ का मान ज्ञात कीजिए।

Ans = $\frac{4}{5}$

16. Find a unit vector perpendicular to each of the vector $(2\vec{a}+\vec{b})$ and $(\vec{a}-2\vec{b})$, where $\vec{a} = \hat{\imath} + 2\hat{\jmath} - \hat{k}$ and $\vec{b} = \hat{\imath} + \hat{\jmath} + \hat{k}$.

प्रत्येक सदिश$(2\vec{a}+\vec{b})$ और $(\vec{a}-2\vec{b})$ के लम्बवत एक मात्रक सदिश ज्ञात कीजिए जब $\vec{a} = \hat{\imath} + 2\hat{\jmath} - \hat{k}$ और $\vec{b} = \hat{\imath} + \hat{\jmath} + \hat{k}$

Ans: $\frac{-15\hat{\imath}+10\hat{\jmath}+5\hat{k}}{\sqrt{350}}$

17. If $\vec{a}, \vec{b}, \vec{c}$ are unit vectors so that $\vec{a}+\vec{b}+\vec{c}=0$, find the value of $\vec{a}.\vec{b}+\vec{b}.\vec{c}+\vec{c}.\vec{a}$.

यदि $\vec{a}, \vec{b}, \vec{c}$ मात्रक सदिश इस प्रकार है कि $\vec{a}+\vec{b}+\vec{c}=0$ तो $\vec{a}.\vec{b}+\vec{b}.\vec{c}+\vec{c}.\vec{a}$. का मान ज्ञात कीजिए।

Ans: -3/2

18. Let $\vec{a} = \hat{\imath} + 4\hat{\jmath} + 2\hat{k}$, $\vec{b} = 3\hat{\imath} - 2\hat{\jmath} + 7\hat{k}$ and $\vec{c} = 2\hat{\imath} - \hat{\jmath} + 4\hat{k}$ then Find a vector $\vec{d}$ which is perpendicular to both $\vec{a}$ and $\vec{b}$, and $\vec{c}.\vec{d} = 15$.

$\vec{a} = \hat{\imath} + 4\hat{\jmath} + 2\hat{k}$, $\vec{b} = 3\hat{\imath} - 2\hat{\jmath} + 7\hat{k}$ और $\vec{c} = 2\hat{\imath} - \hat{\jmath} + 4\hat{k}$ है, तो फिर एक ऐसा

सदिश $\vec{d}$ ज्ञात कीजिए जो $\vec{a}$ और $\vec{b}$ दोनों पर लंबवत है और $\vec{c}.\vec{d} = 15$.

Answer: $\frac{5}{3}(32\hat{i} - \hat{j} - 14\hat{k})$

19. Find $|\vec{x}|$, if for a unit vector $\vec{a}$, $(\vec{x} - \vec{a}).(\vec{x} + \vec{a}) = 12$.

    यदि एक मात्रक सदिश $\vec{a}$ के लिए $(\vec{x} - \vec{a}).(\vec{x} + \vec{a}) = 12$ हो तो $|\vec{x}|$ ज्ञात कीजिए।

    Answer: $\sqrt{13}$

20. If $\vec{a}$ is a nonzero vector of magnitude 'a' and λ a nonzero scalar, then $\lambda \vec{a}$ is unit vector if

    यदि शून्येतर सदिश $\vec{a}$ का परिमाण 'a' है और λ एक शून्येतर अदिश है तो $\lambda \vec{a}$ एक मात्रक सदिश है यदि

    (A) $\lambda = 1$ (B) $\lambda = -1$ (C) $a = |\lambda|$ (D) $a = \frac{1}{|\lambda|}$

    Ans: (D)

21. Find the area of the triangle with vertices $A(1, 1, 2), B(2, 3, 5)$ and $C(1, 5, 5)$.

    एक त्रिभुज का क्षेत्रफल ज्ञात कीजिए जिसके शीर्ष $A(1, 1, 2), B(2, 3, 5)$ और $C(1, 5, 5)$ हैं।

    Answer: $\frac{\sqrt{61}}{2}$

22. Let the vectors $\vec{a}$ and $\vec{b}$ be such that $\vec{a} = 3$ and $\vec{b} = \frac{\sqrt{2}}{3}$, then $\vec{a} \times \vec{b}$ is a unit vector, find the angle between $\vec{a}$ and $\vec{b}$

    मान लीजिए सदिश $\vec{a}$ और $\vec{b}$ इस प्रकार हैं कि $|\vec{a}| = 3$ और $|\vec{b}| = \frac{\sqrt{2}}{3}$. तब $\vec{a} \times \vec{b}$ एक मात्रक सदिश है। $\vec{a}$ और $\vec{b}$ के बीच का कोण ज्ञात कीजिए।

    Ans: $\frac{\pi}{4}$

23. Find a unit vector perpendicular to each of the vector $\vec{a} + \vec{b}$ and $\vec{a} -$

$\vec{b}$, where $\vec{a} = \hat{i} + \hat{j} + \hat{k}$, $\vec{b} = \hat{i} + 2\hat{j} + 3\hat{k}$

सदिश $(\vec{a}+\vec{b})$ और $(\vec{a} - 2\vec{b})$ में से प्रत्येक के लंबवत मात्रक सदिश ज्ञात कीजिए जहाँ $\vec{a} = \hat{i} + \hat{j} + \hat{k}$, $\vec{b} = \hat{i} + 2\hat{j} + 3\hat{k}$

Ans: $\frac{-1}{\sqrt{6}}\hat{i} + \frac{2}{\sqrt{6}}\hat{j} - \frac{1}{\sqrt{6}}\hat{k}$

24. Let $\vec{a}, \vec{b}$ and $\vec{c}$ be three vectors such that $|\vec{a}| = 3$, $|\vec{b}| = 4$, $\vec{c} = 5$ and each one of them being perpendicular to the sum of the other two, find $|\vec{a} + \vec{b} + \vec{c}|$.

मान लीजिए $\vec{a}, \vec{b}$ और $\vec{c}$ तीन सदिश इस प्रकार हैं कि $|\vec{a}| = 3$, $|\vec{b}| = 4$, $|\vec{c}| = 5$ और इनमें से प्रत्येक अन्य दो सदिशों के योगफल पर लंबवत है तो, $|\vec{a} + \vec{b} + \vec{c}|$ ज्ञात कीजिए।

Ans= $5\sqrt{2}$

25. The two adjacent sides of a parallelogram are $2\hat{i} - 4\hat{j} + 5\hat{k}$ and $\hat{i} - 2\hat{j} - 3\hat{k}$. Find the unit vector parallel to its diagonal. Also, find its area.

एक समांतर चतुर्भुज की संलग्न भुजाएँ $2\hat{i} - 4\hat{j} + 5\hat{k}$ और $\hat{i} - 2\hat{j} - 3\hat{k}$ है। इसके विकर्ण के समांतर एक मात्रक सदिश ज्ञात कीजिए। इसका क्षेत्रफल भी ज्ञात कीजिए।

Ans: (i) Unit vector (मात्रक सदिश) $= \frac{3}{7}\hat{i} - \frac{6}{7}\hat{j} + \frac{2}{7}\hat{k}$

(ii) Area(क्षेत्रफल) $= 11\sqrt{15}$

26. Show that the vectors $(2\hat{i} - \hat{j} + \hat{k}), (\hat{i} - 3\hat{j} - 5\hat{k}), (3\hat{i} - 4\hat{j} - 4\hat{k})$ are the vertices of a right angled triangle.

दर्शाइए कि सदिश $(2\hat{i} - \hat{j} + \hat{k}), (\hat{i} - 3\hat{j} - 5\hat{k})$ और $(3\hat{i} - 4\hat{j} - 4\hat{k})$ एक समकोण त्रिभुज के शीर्षों की रचना करते हैं।

27. Find the projection of the vector $\hat{i} + 3\hat{j} + 7\hat{k}$ on the vector $2\hat{i} -$

$3\hat{j} + 6\hat{k}$.

सदिश $\hat{i} + 3\hat{j} + 7\hat{k}$ का सदिश $2\hat{i} - 3\hat{j} + 6\hat{k}$ पर प्रक्षेप गया कीजिए।

Ans=5

28. If $\hat{a}, \hat{b}$ and $\hat{c}$ are mutually perpendicular vectors then find the value of $|2\hat{a} + \hat{b} + \hat{c}|$

यदि $\hat{a}, \hat{b}$ और $\hat{c}$ परस्पर लंबवत मात्रक सदिश हैं, तो $|2\hat{a} + \hat{b} + \hat{c}|$ का मान ज्ञात कीजिए।

Ans=$\sqrt{6}$

29. A vector whose initial and terminal points coincide, is called a_____

एक सदिश जिसके प्रारंभिक एवं अंतिम बिन्दु संपाती होते हैं, _____ कहलाता है।

Ans= zero vector (शून्य सदिश)

30. $\vec{a}$ and $\vec{b}$ are two unit vectors such that $|2\hat{a} + 3\hat{b}| = |3\hat{a} - 2\hat{b}|$ Find the angle between $\vec{a}$ and $\vec{b}$.

दो मात्रक सदिशों $\vec{a}$ और $\vec{b}$ के लिए $|2\hat{a} + 3\hat{b}| = |3\hat{a} - 2\hat{b}|$ है। $\vec{a}$ तथा $\vec{b}$ के बीच का कोण ज्ञात कीजिए।

Ans=$\frac{\pi}{2}$

Chapter 11
Three Dimensional Geometry
(त्रि-विभागीय ज्यामिति)

Important Formulas (महत्वपूर्ण सूत्र):-

- Direction cosines or Direction Ratios of a line:-
(रेखा के दिक्-कोसाईन और दिक्- अनुपात)
Let a, b, c be the direction ratios of a line and let l, m and n be the direction cosines of a line.
Then,
$$\frac{l}{m} = \frac{m}{b} = \frac{n}{c} = k \text{ (let)}$$

$$\because l^2 + m^2 + n^2 = 1$$

$$l = \pm \frac{a}{\sqrt{a^2+b^2+c^2}}, \quad m = \pm \frac{b}{\sqrt{a^2+b^2+c^2}}, \quad n = \pm \frac{c}{\sqrt{a^2+b^2+c^2}}$$

- **Direction cosines of a line passing through two points**
(दो बिंदुओं को मिलाने वाली रेखा की दिक्- कोसाईन):-

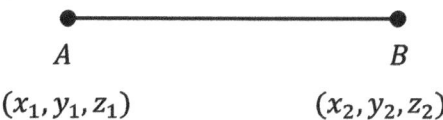

A B
(x_1, y_1, z_1) (x_2, y_2, z_2)

Direction cosines (दिक् कोसाईन) of line PQ
$l = \frac{x_2 - x_1}{PQ}, m = \frac{y_2 - y_1}{PQ}, n = \frac{z_2 - z_1}{PQ}$

$\left.\begin{array}{l} x_2 - x_1 = a \\ y^2 - y^1 = b \\ z_2 - z_1 = c \end{array}\right\}$ $PQ = \sqrt{((x_2-x_1)^2 + (y_2-y_1)^2 + (z_2-z_1)^2)}$

Direction Ratios
(दिक् अनुपात)

❖ **Direction cosines when angles are given** (जब कोण दिए हुए हो तब दिक्‌-कोसाईन)

$l = \cos \alpha, \quad m = \cos \beta, \quad n = \cos \gamma$
$\because \cos^2 \alpha + \cos^2 \beta + \cos^2 \gamma = 1$

Equation of a line through a point A and parallel to a vector (बिन्दु A से जाने वाली तथा सदिश के समांतर रेखा का समीकरण):-

$$\vec{r} = \vec{a} + \lambda \vec{b}$$

which is also called the vector equation of the line.
जिसको रेखा का सदिश समीकरण भी कहते हैं।

Let (माना) $\vec{a} = x_1 \hat{i} + y_1 \hat{j} + z_1 \hat{k}$

$\vec{b} = a\hat{i} + b\hat{j} + c\hat{k}$

Vector form (सदिश रूप) $\vec{r} = x_1 \hat{i} + y_1 \hat{j} + z_1 \hat{k} + \lambda(a\hat{i} + b\hat{j} + c\hat{k})$

Cartesian Form (कार्तिम रूप) $\dfrac{x-x_1}{a} = \dfrac{y-y_1}{b} = \dfrac{z-z_1}{c}$

Or

$$\dfrac{x-x_1}{l} = \dfrac{y-y_1}{m} = \dfrac{z-z_1}{n}$$

Or

$$\dfrac{x-x_1}{x_2-x_1} = \dfrac{y-y_1}{y_2-y_1} = \dfrac{z-z_1}{z_2-z_1}$$

Angle between two lines (दो रेखाओं का मध्य कोण):-

Vector form (सदिश रूप) of L_1 and L_2

$$\vec{r_1} = \vec{a_1} + \lambda \vec{b_1}$$
$$\vec{r_2} = \vec{a_2} + \mu \vec{b_2}$$

Cartesian form (कार्तिम रूप) of L_1 and L_2

$\dfrac{x-x_1}{a_1} = \dfrac{y-y_1}{b_1} = \dfrac{z-z_1}{c_1} = \lambda$

$\dfrac{x-x_2}{a_2} = \dfrac{y-y_2}{b_2} = \dfrac{z-z_2}{c_2} = \mu$

Then (तब), $\cos \theta = \left| \dfrac{\vec{b_1} \cdot \vec{b_2}}{|\vec{b_1}| \cdot |\vec{b_2}|} \right|$

Shortest Distance between two lines (दो रेखाओं के मध्य न्यूनतम दूरी):-

Let $\overrightarrow{r_1} = \overrightarrow{a_1} + \lambda\overrightarrow{b_1}$

$\overrightarrow{r_2} = \overrightarrow{a_2} + \mu\overrightarrow{b_2}$

$d = \left|\frac{(\overrightarrow{b_1}\times\overrightarrow{b_2})(\overrightarrow{a_2}-\overrightarrow{a_1})}{|(\overrightarrow{b_1}\times\overrightarrow{b_2})|}\right|$

#When two lines perpendicular to each other (जन दो रेखाएं एक दूसरे के लम्बवत हो तब)

$$a_1a_2 + b_1b_2 + c_1c_2 = 0$$

or

$$l_1l_2 + m_1m_2 + n_1n_2 = 0$$

Questions:-

1. Find the direction cosines of the line passing through the two points $(-2, 4, -5)$ and $(1, 2, 3)$.

   दो बिंदुओं $(-2, 4, -5)$ और $(1, 2, 3)$ को मिलाने वाली रेखा की दिक्-कोसाईन ज्ञात कीजिए।

   $$\text{Ans} = \frac{3}{\sqrt{77}}, \frac{-2}{\sqrt{77}}, \frac{8}{\sqrt{77}}$$

2. Show that the points $A(2, 3, -4), B(1, -2, 3)$ and $C(3, 8, -11)$ are collinear.

   दर्शाइए की बिन्दु $A(2, 3, -4), B(1, -2, 3)$ और $C(3, 8, -11)$ संरेख हैं।

3. Find the direction cosines of x-axis.

   x-अक्ष की दिक्- कोसाईन ज्ञात कीजिए।

   $$\text{Ans} = 1, 0, 0$$

4. Find the direction cosines of line $\frac{x}{4} = \frac{y}{7} = \frac{z}{4}$

   रेखा $\frac{x}{4} = \frac{y}{7} = \frac{z}{4}$ की दिक्-कोसाईन ज्ञात कीजिए।

   $$\text{Ans} = \frac{4}{9}, \frac{7}{9}, \frac{4}{9}$$

5. Under what condition do $\left(\frac{1}{\sqrt{2}}, \frac{1}{2}, k\right)$ represent direction cosine of a line?

   किस स्थिति में $\left(\frac{1}{\sqrt{2}}, \frac{1}{2}, k\right)$ एक रेखा की दिक्- कोसाईन का प्रतिनिधित्व करते हैं?

   (A) $K = \frac{1}{2}$ (B) $K = -\frac{1}{2}$ (C) $K = \pm\frac{1}{2}$ (D) $K = \frac{1}{\sqrt{2}}$

   $$\text{Ans} = (C)$$

6. The lines $\frac{x-2}{1} = \frac{y-3}{1} = \frac{4-z}{k}$ and $\frac{x-1}{k} = \frac{y-4}{2} = \frac{z-5}{-2}$ are mutually perpendicular if find the value of k?

   k का मान ज्ञात कीजिए जब रेखा $\frac{x-2}{1} = \frac{y-3}{1} = \frac{4-z}{k}$ और $\frac{x-1}{k} = \frac{y-4}{2} = \frac{z-5}{-2}$ एक दूसरे के लम्बवत हो।

   $$\text{Ans} - k = -\frac{2}{3}$$

7. If equation of line AB is $\frac{3-x}{1} = \frac{y+2}{2} = \frac{z-5}{4}$, write the direction ratios of line parallel to above line AB.

यदि रेखा AB का समीकरण $\frac{3-x}{1} = \frac{y+2}{2} = \frac{z-5}{4}$ है, तो उपरोक्त रेखा AB के समांतर रेखा के दिक्-अनुपात लिखिए।

Ans = -1, 2, 4

8. Write the equation of line parallel to the $\frac{x-2}{-3} = \frac{y+3}{2} = \frac{z+5}{6}$ and passing through point (1, 2, 3)

रेखा $\frac{x-2}{-3} = \frac{y+3}{2} = \frac{z-5}{6}$ के समांतर तथा बिन्दु (1, 2, 3) से गुजरने वाली रेखा का समीकरण ज्ञात कीजिए।

Ans= $\frac{x-1}{-3} = \frac{y-2}{2} = \frac{z-3}{6}$

9. The vector equation of line which passes through the points (3, 4, -7) and (1, -1, 6) is____
एक रेखा का सदिश समीकरण जो बिंदुओं (3, 4, -7) और (1, -1, 6) से होकर गुजरती है____

Ans - $\vec{r} = (3\hat{i} + 4\hat{j} - 7\hat{k}) + \lambda(-2\hat{i} - 5\hat{j} + 13\hat{k})$

10. Find the value of λ, so that following lines are perpendicular to each other.
λ का मान ज्ञात कीजिए, जब निम्नलिखित रेखाएं एक दूसरे के लम्बवत हो-

$\frac{x+5}{5\lambda+2} = \frac{2-\lambda}{5} = \frac{1-z}{-1}$ and $\frac{x}{1} = \frac{2y+1}{4\lambda} = \frac{1-z}{-3}$

Ans= $\lambda = 1$

11. Find the angle between the pair of lines given by
दिए गए रेखा युग्म के मध्य कोण ज्ञात कीजिए-

$\vec{r} = 3\hat{i} + 2\hat{j} - 4\hat{k} + \lambda(\hat{i} + 2\hat{j} + 2\hat{k})$
$\vec{r} = 5\hat{i} - 2\hat{j} + \mu(3\hat{i} + 2\hat{j} + 6\hat{k})$

Ans: $\theta = \cos^{-1}\left(\frac{19}{21}\right)$

12. Find the angle between the pair of lines-
रेखा युग्म कोण के मध्य कोण ज्ञात कीजिए-

$\frac{x+3}{3} = \frac{y-1}{5} = \frac{z+3}{4}$ and $\frac{x+1}{1} = \frac{y-4}{1} = \frac{z-5}{2}$

Ans: $\theta = \cos^{-1}\left(\frac{8\sqrt{3}}{15}\right)$

13. Find the shortest distance(न्यूनतम दूरी) between the lines

    (i) $\vec{r} = (\hat{i} - 2\hat{j} + 3\hat{k}) + \lambda(-\hat{i} + \hat{j} - 2\hat{k})$
         $\vec{r} = (\hat{i} - \hat{j} - \hat{k}) + \mu(\hat{i} + 2\hat{j} - 2\hat{k})$ Ans: $\dfrac{8}{\sqrt{29}}$

    (ii) $\dfrac{x-3}{2} = \dfrac{y-4}{1} = \dfrac{z+1}{-3}$
         $\dfrac{x-1}{-1} = \dfrac{y-3}{3} = \dfrac{z-1}{2}$ Ans $= \dfrac{7}{\sqrt{171}}$

Chapter 12
Linear Programming
(रैखिक प्रोग्रामन)

Linear Inequalities (रैखिक प्रोग्रामन):-

An inequality or inequation is said to be linear, if each variable occurs in first degree only and there is no term involving the product of the variables.

किसी असमिका को रैखिक कहा जाता है, यदि प्रत्येक चर केवल प्रथम घात में होता है तथा चरों के गुणनफल में कोई पद शामिल नहीं होता है|

Ex- $ax + b \leq 0$, $ax + by + c > 0$, $ax \leq 4$

(i) **Linear Inequality in one variable** (एक चर वाली रैखिक असमिका) :-

A linear inequality, which has only one variable is called linear inequality in one variable.

वह रैखिक असमिका जिसमें केवल एक ही चर हो, एक चर वाली रैखिक असमिका कहलाती है।

Ex- $ax + b < 0, a \neq 0$

(ii) **Linear Inequality in two variables** (दो चर वाली रैखिक असमिका) :-

A linear inequality, which have only two variables is called linear inequality in two variable.

वह रैखिक असमिका जिसमें केवल दो चर होते हैं, दो चर वाली रैखिक असमिका कहलाती है।

Ex- $3x + 11y \leq 0, 4x + 3y > 0$

Solution of a Linear Inequality by Graphical Method
(रैखिक असमिकाओं को हल करने की आलेखीय विधि):-

Suppose, given linear inequality is $ax + by \leq c$, or $ax + by \geq c$ or $ax + by < c$ then to find its solution by graphical method, we use the following steps-

मान लीजिए, दी गई रैखिक असमिका $ax + by \leq c$, या $ax + by \geq c$ या $ax + by < c$ या $ax + by > c$ है तो आलेखीय विधि द्वारा इसका हल खोजने के लिए, हम निम्नलिखित चरणों का उपयोग करते हैं-

(i) Consider the equation $ax + by = c$ in place of given inequality, which represents a straight line in XY- plane.

दी गई असमिका के स्थान पर समीकरण $ax + by = c$ पर विचार करें, जो XY- तल में एक सीधी रेखा को दर्शाता है|

(ii) Put $x = 0$ in the equation obtained in step (i) to get the point, where the line meets Y-axis. Similarly, put $y = 0$ to obtain a point, where the line meets X-axis.

बिन्दु प्राप्त करने के लिए चरण (i) में प्राप्त समीकरण में $x = 0$ रखें, जहां रेखा y-अक्ष से मिलती है। इसी तरह बिन्दु प्राप्त करने के लिए $y = 0$ रखें, जहां x-अक्ष से मिलती है।

(iii) Draw a line joining the points obtained I step (ii) if the in equality is of the from < or >, then draw dotted line to indicate then the points on the line are excluded from the solution set otherwise, mark it by thick or dark line to indicate that the points on this line are included in the solution set.

चरण (iii) में प्राप्त बिन्दुओ को मिलाने आली एक रेखा खीचें। यदि असमिका < या > के रूप की है, तो यह इंगित करने के लिए बिंदीदार रेखा खीचें की रेखा पार स्थित बिन्दु समाधान सेट से बाहर है। अन्यथा यह इंगित करने के लिए इसे मोंटी या गहरी रेखा से चित्रित करें की इस रेखा पर स्थित बिन्दु समाधान सेट में शामिल है।

(iv) Take any point {Preferable origin, i.e (0,0)} not lying on the line and check whether this satisfies the given linear inequality or not.

कोई भी बिन्दु {अधिमानतः मूल मानी (0, 0)} लें, जो रेखा पर न हो और जांच करें की यह दी गई रैखिक असमिका को संतुष्ट करता है या नहीं।

(v) If the Inequality is satisfied, then shade that portion of the plane, which contains the chosen point. Otherwise shade that portion, which does not contain the chosen point.

Thus, shaded region obtained in step (v), represents the required solution set.

यदि असमिका संतुष्ट है, तो समतल के उस भाग को छायांकित करें, जिसमें चुना हुआ बिन्दु शामिल है। अन्यथा, उस भाग को छायांकित करें, जिसमें चुना हुआ बिन्दु शामिल नहीं है। इस प्रकार चरण (v) में छायांकित क्षेत्र , आवश्यक समाधान सेट का प्रतिनिधित्व करता है।

#Questions:-

Solve the following linear programming graphically:

आलेखीय विधि द्वारा निम्न रैखिक प्रोगामन समस्या को हल कीजिए:

(i)   Minimize $z = 200x + 500y$
$$x + 2y \geq 10$$
$$3x + 4y \leq 24$$
$$x \geq 0, y \geq 0$$
Ans = 2300

(ii)   Maximize $z = 5x + 3y$
$$3x + 5y \leq 15$$
$$5x + 2y \leq 10$$
$$x \geq 0, y \geq 0$$
Ans = $\frac{235}{19}$

(iii)   Maximize $z = 7x + 10y$
$$4x + 6y \leq 240$$
$$6x + 3y \leq 240$$
$$x \geq 10$$
$$x \geq 0, y \geq 0$$
Ans = 410

(iv)   Minimum $z = 3x + 9y$
$$x + 3y \leq 60$$
$$x + y \geq 10$$
$$x \leq y$$
$$x \geq 0, y \geq 0$$
Ans = 60

(v)   Maximize $z = -x + 2y$
$$x \geq 3$$
$$x + y \geq 5$$
$$x + 2y \geq 6$$
$$y \geq 0$$
Ans = No max. value

(vi)   Maximize $z = 48x + 40y$
$$2x + y \leq 90$$
$$x + 2y \leq 80$$
$$x + y \leq 50$$
$$x \geq 0, y \geq 0$$
Ans = 2320

Chapter 13
Probability
(प्रायिकता)

Conditional Probability (सप्रतिबंध प्रायिकता) -

If E and F are two events associated with the same sample space of a random experiment, the Conditional probability of the event E given that F has occurred, i.e $P(E/F)$ is given by

यदि E तथा F किसी यादृच्छिक परीक्षण के प्रतिदर्श समष्टि से संबंधित दो घटनाएँ हैं, तो F के घटित होने की सूचना पर E की प्रायिकता निम्नलिखित सूत्र से प्राप्त होती है:

$$P\left(\frac{E}{F}\right) = \frac{P(E\cap F)}{P(F)}, \qquad P(F) \neq 0$$

$$P\left(\frac{F}{E}\right) = \frac{P(E\cap F)}{P(E)}, \qquad P(E) \neq 0$$

Properties of Conditional Probability (सप्रतिबंध प्रायिकता के गुण):

(1) Let E and F be events of a sample space S to an experiment, then we have
मान ले कि E तथा F किसी प्रतिदर्श समष्टि S की दो घटनाएँ हैं

$$P\left(\frac{S}{F}\right) = P\left(\frac{F}{S}\right) = 1$$

(2) If A and B are any two events of a sample space S and F is an event of S such that $P(F) \neq 0$, then
यदि A और B प्रतिदर्श समष्टि S की कोई दो घटनाएँ हैं।

$$P(A \cup B) = P(A) + P(B) - P(A \cap B)$$

(3) $P\left(\frac{E'}{F}\right) = 1 - P\left(\frac{E}{F}\right)$

Independent Events (स्वतंत्र घटनाएँ):-

E and F are two events such that the probability of occurrence of one of them is not affected by the occurrence of the other. Such events are called independent events.

E तथा F इस प्रकार की घटनाएँ हैं की किसी एक घटना के घटित होने की सूचना दूसरी घटना पर कोई प्रभाव नहीं डालती है। इस प्रकार की घटनाओं को स्वतंत्र घटनाएँ कहते हैं।

$$P(E \cap F) = P(E) . P(F)$$

* Three events A, B, and C are said to be mutually independent if:

तीन घटनाओं A, B और C को स्वतंत्र कहा जाता है यदि ओर केवल यदि

$$P(A \cap B \cap C) = P(A) . P(B) . P(C)$$

Multiplication Theorem on Probability (प्रायिकता का गुणन नियम):-

$$P(E \cap F) = P(F) . P\left(\frac{E}{F}\right), P(F) \neq 0$$

$$P(E \cap F) = P(E) . P\left(\frac{F}{E}\right), P(E) \neq 0$$

∵ Multiplication rule of probability for more than two events, if E, F and G are three events of sample space, we have:

दो से अधिक घटनाओं के लिए प्रायिकता का गुणन नियम, यदि E, F और G एक प्रतिदर्श समिष्ट की तीन घटनाएँ हैं तो

$$P(E \cap F \cap G) = P(E) \times P\left(\frac{F}{E}\right) . P\left(\frac{G}{E \cap F}\right)$$

Bayes' Theorem (बेज़ प्रमेय):-

$$P\left(\frac{A}{B}\right) = \frac{P\left(\frac{B}{A}\right) . P(A)}{P(B)}$$

or

Let E_1 and E_2 be a partition of a sample space S and A be any event associated with S, then

माना E_1 तथा E_2 प्रतिदर्श समिष्ट S का एक विभाजन है तथा A प्रतिदर्श समिष्ट से संबंधित एक घटना है।

$$P\left(\frac{E_1}{A}\right) = \frac{P(E_1) \cdot P\left(\frac{A}{E_1}\right)}{P(E_1) \cdot P\left(\frac{A}{E_1}\right) + P(E_2) \cdot P\left(\frac{A}{E_2}\right)}$$

Some Important Properties (कुछ महत्वपूर्ण गुणधर्म):

- $P(B' \cap A) = P(A) - P(A \cap B)$
- $P(A \cup B)' = 1 - P(A \cup B)$
- $P(A' \cup B) = 1 - P(A \cap B')$
- $P\left(\dfrac{A'}{B}\right) = 1 - \dfrac{P(A \cap B)}{P(B)}$
- $P\left(\dfrac{A'}{B'}\right) = \dfrac{P(A' \cap B')}{P(B')} = \dfrac{1 - P(A \cup B)}{P(B')}$
- $P(A') = 1 - P(A)$
- $P(B') = 1 - P(B)$
- $P(A' B') = [1 - P(A)][1 - P(B)]$ $\quad\quad \rightarrow$ Independent (स्वतंत्र)
- $P(A \cap B) = P(AB)$

Questions:-

1. If $P(A) = \frac{6}{11}, P(B) = \frac{5}{11}$ and $P(A \cup B) = \frac{7}{11}$, find
   (i) $P(A \cap B)$ (ii) $P\left(\frac{A}{B}\right)$ (iii) $P\left(\frac{B}{A}\right)$

   Ans- (i) $\frac{4}{11}$, (ii) $\frac{4}{5}$, (iii) $\frac{2}{3}$

2. Evaluate $P(A \cup B)$, if $2P(A) = P(B) = \frac{5}{13}$ and $P\left(\frac{A}{B}\right) = \frac{2}{5}$

   Ans $= \frac{11}{26}$

3. A die is thrown twice and the sum of the numbers appearing is observed to be 6. What is the conditional probability that the number 4 has appeared at least once?

   एक पासे को दो बार उछाला गया और प्रकट हुई संख्याओं का योग 6 पाया गया। संख्या 4 न्यूनतम एक बार प्रकट होने की सप्रतिबंध प्रायिकता ज्ञात कीजिए।

   Ans $= \frac{2}{5}$

4. Given that the two numbers appearing on throwing two dice are different. Find the probability of the event the sum of the numbers on the dice is 4.

   दिया गया है कि दो पासों को फेंकने पर प्राप्त संख्याएँ भिन्न-भिन्न हैं। दोनों संख्याओं का योग 4 होने की प्रायिकता ज्ञात कीजिए।

   Ans $= \frac{1}{15}$

5. A fair die is rolled. Consider events $E = \{1, 3, 5\}, F = \{2, 3\}$ and $G = \{2, 3, 4, 5\}$. Find:

   एक न्याय पासा को उछाला गया है। घटनाओं $E = \{1, 3, 5\}, F = \{2, 3\}$ और $G = \{2, 3, 4, 5\}$ के लिए निम्नलिखित ज्ञात कीजिए:

   (i) $P\left(\frac{F}{E}\right)$ (ii) $P\left(\frac{G}{E}\right)$ (iii) $P\left(\frac{E \cap G}{G}\right)$

   Ans = (i) $\frac{1}{3}$, (ii) $\frac{2}{3}$ (iii) $\frac{1}{4}$

6. Three cards are drawn successively, without replacement from a pack of 52 well shuffled cards. What is the probability that first two cards are kings and the third card drawn is an ace?

   52 पत्तों की अच्छी तरह फेंटी गई गड्डी में से एक के बाद एक तीन पत्ते बिना प्रतिस्थापित किए निकाले गए। पहले दो पत्तों का बादशाह और तीसरे का इक्का होने की प्रायिकता क्या है?

   $$\text{Ans} = \frac{2}{5525}$$

7. A family has two children. What is the probability that both the children are boys given that at least one of them is a boy?

   एक परिवार में दो बच्चे हैं। यदि यह ज्ञात हो कि बच्चों में से कम से कम एक बच्चा लड़का है, तो दोनों बच्चों के लड़का होने की क्या प्रायिकता है?

   $$\text{Ans} = \frac{1}{3}$$

8. A die is thrown. If E is the event 'the number appearing is a multiple of 3' and F be the event the number appearing is even, then find whether E and F are independent?

   एक पासे को एक बार उछाला जाता है। घटना 'पासे पर प्राप्त संख्या 3 का अपवर्त्य है' को E से और 'पासे पर प्राप्त संख्या सम है' को F से निरुपित किया जाए तो बताएं क्या E और F स्वतंत्र हैं?

9. Prove that if E and F are independent events, then so are the events E and F'.

   सिद्ध कीजिए कि यदि E और F दो स्वतंत्र घटनाएँ हैं तो E और F' भी स्वतंत्र होंगी।

10. Given two independent events A and B such that $P(A) = 0.3, P(B) = 0.6$. Find:

    (A और B स्वतंत्र घटनाएँ गी गई हैं जहां $P(A) = 0.3, P(B) = 0.6$ तो)

    (i)   P(A and B) or P(A ∩ B) or P(A और B)   Ans = 0.18
    (ii) P(A and not B) or P(A और B नहीं) or P(A ∩ B')   Ans = 0.12
    (iii) P(A or B) or P(A या B) or P(A U B)   Ans = 0.72
    (iv) P(neither A nor B) or P(A और B में कोई नहीं) or P(A' ∩ B')

    Ans = 0.28

11. A die is tossed thrice. Find the probability of getting an odd number at least once.

    एक पासे को तीन बार उछाला जाता है तो कम से कम एक बार विषम संख्या प्राप्त होने की प्रायिकता ज्ञात कीजिए।

    $$\text{Ans} = \frac{7}{8}$$

12. What is the probability of obtaining an even prime number on each die, when a pair of dice is rolled?

    दो पासों का एक जोड़ा उछाला जाता है तो प्रत्येक पासे पर सम अभाज्य संख्या प्राप्त करने की प्रायिकता क्या है?

    $$\text{Ans} = \frac{1}{36}$$

13. If A and B are any two events such that $P(A) + P(B) - P(A \text{ and } B) = P(A)$, then

    यदि A और B दो ऐसी घटनाएँ हैं कि $P(A) + P(B) - P(A \text{ और } B) = P(A)$, तब

    (A) $P\left(\frac{B}{A}\right) = 1$ (B) $P\left(\frac{A}{B}\right) = 1$
    (C) $P\left(\frac{B}{A}\right) = 0$ (D) $P\left(\frac{A}{B}\right) = 0$

    Ans: (B)

14. If A and B are two events such that $P(A) \neq 0$ and $P\left(\frac{B}{A}\right) = 1$, then

    यदि A और B दो ऐसी घटनाएँ है कि $P(A) \neq 0$ और $P\left(\frac{B}{A}\right) = 1$, तब

    (A) $A \subset B$ (B) $B \subset A$
    (C) $B = \emptyset$ (D) $A = \emptyset$

    Ans: (A)

15. A die is thrown once. Let A be the event that the number obtained is greater than 3. Let B be the event that the number obtained is less than 5. Then find the value $P(A \cup B)$.

    एक पासा एक बार फेका जाता है। मान लीजिए A घटना है की प्राप्त संख्या 3 से बड़ी है। मान लीजिए B घटना की प्राप्त संख्या 5 से छोटी है। तब $P(A \cup B)$ का मान ज्ञात कीजिए।

    Ans = 1

16. A card is picked at random from a pack of 52 playing cards. Given that the picked card is a queen, then find the probability of this card to be a card of spade.

52 ताश के पत्तों की गड्डी में से एक पत्ता यादृष्टिक रूप से चुना जाता है। दिया गया है के चुना गया पत्ता एक रानी है, तो इस पत्ते के हुकूम का पत्ता होने की प्रायिकता ज्ञात कीजिए।

Ans $= \frac{1}{4}$

17. A bag contains 4 balls. Two balls are drawn at random (without replacement) and are found to be white. What is the probability that all balls in the bag are white?

एक थैले में 4 गेंदे हैं। दो गेंदे यादृष्टिक रूप से (बिना प्रतिस्थापन के) निकली जाती हैं और वे सफेद पाई जाती हैं। क्या संभावना है की थैले में सभी गेंदे सफेद हो?

Ans $= \frac{3}{5}$

18. Often it is taken that a truthful person commands more respect in the society. A man is known to speak the truth 4 out of 5 times. He throws a die and reports that it is a six. Find the probability that it is actually a six.

अक्सर यह माना जाता है कि सत्य बोलने वाले व्यक्ति को समाज में अधिक सम्मान मिलता है। एक व्यक्ति 5 में से 4 बार सच बोलता है। वह एक पासा फेंकता है और रिपोर्ट करता है कि यह छः है। क्या संभावना है कि यह वास्तव में छः हो?

Ans $= \frac{4}{9}$

19. Bag I contains 3 red and 4 black balls while another Bag II contains 5 red and 6 black balls. One ball is drawn at random from one of the bags and it is found to be red. Find the probability that it was drawn from Bag II.

दो थैले I और II दिए गए हैं। थैले I में 3 लाल और 4 काली गेंदें हैं जबकि थैले II में 5 लाल और 6 काली गेंदें हैं। किसी एक थैले से यादृच्छया एक गेंद निकाली गई है जो कि लाल रंग की है। इस बात की क्या प्रायिकता है कि यह गेंद थैले II से निकाली गई है?

Ans $= \frac{35}{38}$

20. A card from a pack of 52 cards is lost. From the remaining cards of the pack, two cards are drawn and are found to be both diamonds. Find the probability of the lost card being a diamond.

52 पत्तों की एक गड्डी में से एक पत्ता खो जाता है। शेष पत्तों से दो पत्ते निकाले जाते हैं जो ईंट के पत्ते हैं। खो गए पत्ते की ईंट के होने की क्या प्रायिकता है?

$$\text{Ans} = \frac{11}{50}$$

21. If a leap year is selected at random, what is the probability that it will contain 53 Tuesdays?

यदि एक लीप वर्ष को यादृच्छया चुना गया हो तो इसकी क्या प्रायिकता है कि उस वर्ष में 53 मंगलवार होंगे?

$$\text{Ans} = \frac{2}{7}$$

22. There are three coins one is two headed coin(having head on with sales) another is a biased coin that comes up head 75% of the time and the third is the unbiased coin. One of the three coins is chosen at random and tossed. If head occurs what is the Probability that it is two headed coin?

तीन सिक्कों में, एक दोनों तरफ चित वाला सिक्का है, दूसरे सिक्के में 75% बार चित आता है और तीसरा न्याय सिक्का है। यदि एक सिक्का यादृच्छया चुना जाता है और उसे उछालने पर चित आता है, तो उसके दोनों तरफ चित वाला सिक्का होने की प्रायिकता ज्ञात कीजिए।

$$\text{Ans} = \frac{4}{9}$$

23. A pair of dice is thrown. It is given that the sum of the numbers appearing on both dice is an even number. Find the probability that the number appearing on at least one dice is 3.

पासों के एक युग्म को उछाला गया। दोनों पासों पर आई संख्याओं का योगफल एक सम संख्या है। कम से कम एक पासे पर संख्या 3 आने की प्रायिकता ज्ञात कीजिए।

$$\text{Ans} = \frac{5}{11}$$

24. Probabilities of A and B solving a specific problem as $\frac{1}{2}$ and $\frac{1}{3}$ respectively. If both of them try independently to solve the problem, then find the probability that the problem is solved.

एक विशेष प्रश्न को A और B द्वारा स्वतंत्र रूप से हल करने की प्रायिकताएँ क्रमशः $\frac{1}{2}$ और $\frac{1}{3}$ हैं। यदि दोनों स्वतंत्र रूप से प्रश्न को हल करने की कोशिश करते हैं, तो प्रश्न के हल हो जाने की प्रायिकता ज्ञात कीजिए।

$$\text{Ans} = \frac{2}{3}$$

ChapterWise MCQ's

Chapter 1
Relations and Functions
(संबंध एवं फलन)

1. Which of these is not a type of relation?
   इनमें से कौनसा संबंध एक प्रकार नहीं है?
   (a) Reflexive (स्वहुल्य)   (b) Subjective (आच्छादक)
   (c) Symmetric (सममित)   (d) Transitive (संक्रामक)

2. An equivalence relation is always symmetric.
   तुल्यता संबंध सदैव सममित होता है।
   (a) True (सही)   (b) False (गलत)

3. Which of the following relations is symmetric but neither reflexive nor transitive for a set $A = \{1, 2, 3\}$.
   निम्नलिखित में से कौनसा संबंध एक समुच्चय $A = \{1, 2, 3\}$ के लिए सममित है लेकिन न तो स्वतुल्य है तथा न ही संक्रामक है।
   (a) $R = \{(1,2), (1,3), (1,4)\}$
   (b) $R = \{(1,2), (2,1)\}$
   (c) $R = \{(1,1), (2,2), (3,3)\}$
   (d) $R = \{(1,1), (1,2), (2,3)\}$

4. Let R be a relation in the set N given by $R = \{(a,b): a + b = 5, b > 1\}$. Which of the following will satisfy the given relation?
   मान लिजिए R, N समुच्चय में एक संबंध है जो $R = \{(a,b): a + b = 5, b > 1\}$ द्वारा दिया गया है। निम्नलिखित में से कौनसा दिए गए संबंध को संतुष्ट करेगा?
   (a) $(2,3) \in R$ (b) $(4,2) \in R$
   (c) $(2,1) \in R$ (d) $(5,0) \in R$

5. Let l be a set of all lines in a xy plane and R be a relation in l defined as $R = \{(l_1, l_2): l_1 \text{ is parallel to } l_2\}$. What is the type of the given relation?
   मान लिजिए कि l, xy समतल में सभी रेखाओं का समुह है और R, l में एक संबंध है जिसे $R = \{(l_1, l_2): l_1, l_2$ के संमातर है। के रूप में परिभाषित किया गया है। दिए गए संबंध का प्रकार क्या है?
   (a) Reflexive relation (स्वतुल्य संबंध)
   (b) Transitive relation (संक्रामक संबंध)

(c) Symmetric relation (सममित संबंध)
(d) Equivalence relation (तुल्यता संबंध)

6. The following figure depicts which type of function?
निम्नलिखित चित्र किस प्रकार के फलन को दर्शाता है?

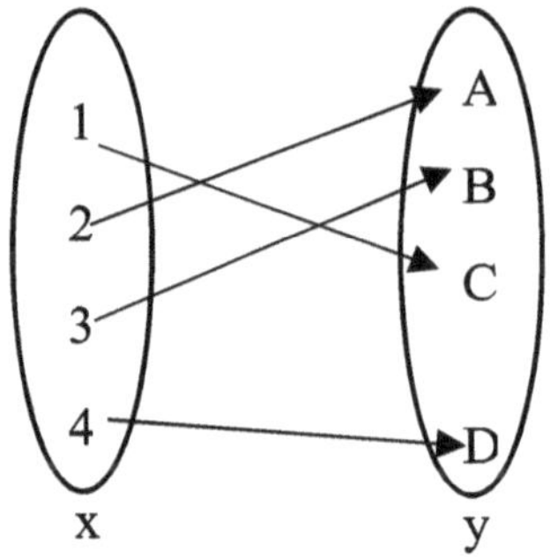

(a) one-one (एकेकी)
(b) onto (आच्छादक)
(c) many-one (बहुएक)
(d) both one-one and onto (एकैकी और आच्छादक दोनों)

7. A function $f: N \to N$ is defined by $f(x) = x^2 + 12$. What is the type of function here?
एक फलन $f: N \to N$ को $f(x) = x^2 + 12$ द्वारा परिभाषित किया गया है। यहाँ फलन का प्रकार क्या है?
(a) bijective (एकैकी आच्छादक)
(b) Surjective (आच्छादल)
(c) injective (एकैकी)
(d) neither surjective non injective (न एकैकी न आच्छादक)

8. A function $f: R \to R$ is defined by $f(x) = 5x^3 - 8$. The type of function is _____.
एक फलन $f: R \to R$ को $f(x) = 5x^3 - 8$ द्वारा परिभाषित किया गया है। फलन का प्रकार _____ है।
(a) one-one (एकेकी)
(b) onto (आच्छादक)
(c) many-one (बहुएक)
(d) both one-one and onto (एकैकी और आच्छादक दोनों)

9. Let $A = \{1,2,3\}$ and $B = \{4,5,6\}$. Which one of the following functions is bijective?

मान लिजिए $A = \{1,2,3\}$ और $B = \{4,5,6\}$ है। निम्नलिखित में से कौनसा फलन आच्छादक है?
(a) $f = \{(2,4), (2,5), (2,6)\}$
(b) $f = \{(1,5), (2,4), (3,4)\}$
(c) $f = \{(1,4), (1,5), (1,6)\}$
(d) $f = \{(1,4), (2,5), (3,6)\}$

10. If $f: R \to R, g(x) = 3x^2 + 7$ and $f(x) = \sqrt{x}$, then $gof(x)$ is equal to _____

यदि $f: R \to R, g(x) = 3x^2 + 7$ और $f(x) = \sqrt{x}$, तो $gof(x)$ बराबर है _____

(a) $3x - 7$ (b) 3x-9   (c) $3x + 7$ (d) $3x - 8$

11. Let R be the relation in the set N given by $R = \{(a,b): a = b - 2, b > 6\}$. Choose the correct answer.

मान लिजिए समुच्चय N में $R = \{(a,b): a = b - 2, b > 6\}$ द्वारा प्रदत्त सम्बन्ध R है। निम्नलिखित में सही उत्तर चुनिए-

(a) $(2,4) \in R$ (b) $(3,8) \in R$
(c) $(6,8) \in R$ (d) $(8,7) \in R$

12. Let $A = \{1,2,3\}$. Then number of equivalence relations containing $(1, 2)$ is

मान लिजिए $A = \{1,2,3\}$ हो तो अवयव $(1, 2)$ वाले तुल्यता संबंधों की संख्या है।

(a) 1   (b) 2   (c) 3   (d) 4

13. The smallest integer function $f(x) = [x]$ is

सबसे छोटा पूर्णांक फतन $f(x) = [x]$ है

(a) one-one (एकेकी)   (b) many-one (बहुएक)
(c) Both (a) (b)   (d) none of these (इनमें से कोई नहीं)

14. Let R be a relation on the set N of natural numbers defined by nRm if n divides m. Then R is

मान लिजिए कि R प्राकृतिक संख्याओं के समुच्चय N. पर Rm द्वारा परिभाषित एक संबंध है। यदि n, m को विभाजित करता है। तब R है

(a) Reflexive and symmetric (स्वतुल्य तथा सममित)
(b) Transitive and symmetric (संक्रामक तथा सममित)
(c) Equivalence (तुल्यता)
(d) Reflexive, transitive but not symmetric (स्वतुल्य, संक्रामक लेकिन सममित नहीं)

15. The maximum number of equivalence relations in the set $A = \{1,2,3\}$ are

समुच्चय $A = \{1,2,3\}$ घर तुल्यता संबंधों की अधिकतम संख्या है-

(a) 1 (b) 2 (c) 3 (d) 5

16. Let $f: R \to R$ be defined by $f(x) = \frac{1}{x} \quad \forall x \in R$. Then f is

माना $f: R \to R$ द्वारा परिभाषित फलन $f(x) = \frac{1}{x} \quad \forall x \in R$ है तो f है.

(a) one-one (एकेकी) (b) onto (आच्छादक)

(c) bijective (एकैकी आच्छादक) (d) f is not defined (f परिभाषित नहीं है)

17. Let $E = \{1,2,3,4\}$ and $F = \{1,2\}$. Then, the number of onto functions from E to F is

मान लें $E = \{1,2,3,4\}$ और $F = \{1,2\}$ तो, E से F तक आच्छादक फलनों की संख्या है

(a) 14 (b) 16 (c) 12 (d) 8

18. For real numbers x and y, define xRy if and only if $x - y + \sqrt{2}$ is an irrational number. Then the relation R is

वास्तविक संख्याओं x और y के लिए, xRy को तभी परिभाषित करें जब $x - y + \sqrt{2}$ एक अपरिमेय संख्या हो। तब संबंध R है

(a) Reflexive (स्वतुल्य) (b) Symmetric (सममित)

(c) Transitive (संक्रामक) (d) none of these (इनमें से कोई नहीं)

19. Set A has 3 elements and the set B has 4 elements. Then the number of injective mappings that can be defined from A to B is

समुच्चय A में 3 तत्व हैं और समुच्चय B में 4 तत्व हैं। तो A से B तक परिभाषित की जा सकने वाली एकैकी मैपिंग की संख्या है-

(a) 144 (b) 12 (c) 24 (d) 64

20. Let $f: R \to R$ be defined as $f(x) = x^4$. Choose the correct answer.

माना $f: R \to R$ द्वारा परिभाषित फलन $f(x) = x^4$ है। सही उत्तर का चयन कीजिए।

(a) f is one-one onto (f एकैकी आच्छादक है)

(b) f is many-one onto (f बहुएक आच्छादक है)

(c) f is one-one but not onto (f एकैकी है लेकिन आच्छादक नहीं)

(d) f is neither one-one nor onto (f न तो एकैकी है न आच्छादक)

21. Let us define R in R as aRb if $a \geq b$. Then R is:

माना R, R में aRb के रूप में इस प्रकार परिभाषित है कि $a \geq b$ है। तब R है

(a) equivalence relation (तुल्यता संबंध)

(b) reflexive, transitive but not symmetric (स्वतुल्य, संक्रामक लेकिन सममित नहीं)

(c) symmetric, transitive but not reflexive (सममित, संक्रामक लेकिन स्वतुल्य नहीं)
(d) neither transitive nor reflexive but symmetric (न तो संक्रामक न स्वतुल्य लेकिन सममित है)

22. A function $f: R \to R$ defined as $f(x) = x^2 - 4x + 5$ is:
एक फलन $f: R \to R$ द्वारा परिभाषित फलन $f(x) = x^2 - 4x + 5$ है:
(a) injective but not surjective (एकैकी है लेकिन आच्छादक नहीं)
(b) surjective but not injective (आच्छादक है लेकिन एकैकी नहीं)
(c) both injective and surjective (एकैकी तथा आच्छादक दोनों)
(d) neither injective nor surjective (न एकैकी न आच्छादक)

23. Which of the following function from Z into Z are injective bijections?
Z से Z तक निम्नलिखित में से कौनसे फलन एकैकी आच्छादक हैं?
(a) $f(x) = x^3$
(b) $f(x) = x + 2$
(c) $f(x) = 2x + 1$
(d) $f(x) = x^2 + 1$

24. Let $f(x) = \dfrac{(x-1)}{(x+1)}$ then $f[f(x)]$ is

(a) $\dfrac{1}{x}$
(b) $-\dfrac{1}{x}$
(c) $\dfrac{1}{x+1}$
(d) $\dfrac{1}{x-1}$

25. If $f(x) = 1 - \dfrac{1}{x}$, then $f[f(\dfrac{1}{x})]$

(a) $\dfrac{1}{x}$
(b) $\dfrac{1}{1+x}$
(c) $\dfrac{x}{x-1}$
(d) $\dfrac{1}{x-1}$

26. Let $f: R \to R$ be defined as $f(x) = x^3$. Choose the correct answer.
माना $f: R \to R$ द्वारा परिभाषित फलन $f(x) = x^3$ है। सही उत्तर का चयन कीजिए।
(a) f is one-one onto (f एकैकी आच्छादक है)
(b) f is many-one onto (f बहुएक आच्छादक है)
(c) f is one-one but not onto (f एकैकी है लेकिन आच्छादक नहीं)
(d) f is neither one-one nor onto (f न तो एकैकी है न आच्छादक है)

27. Let $f: R \to R$ be defined as $f(x) = 3x$. Choose the correct answer.
माना $f: R \to R$ द्वारा परिभाषित फलन $f(x) = 3x$ सही उत्तर का चयन कीजिए
(a) f is one-one onto (f एकैकी आच्छादक है)
(b) f is many-one onto (f बहुएक आच्छादक है)

(c) f is one-one but not onto (f एकैकी है लेकिन आच्छादक नहीं)

(d) f is neither one-one nor onto (f न तो एकैकी है न आच्छादक है)

28. The number of onto functions from the set to itself $\{1,2,3,\ldots,n\}$ is
समुच्चय $\{1,2,3,\ldots,n\}$ में आच्छादक फलनों की संख्या है:

   (a) n (b) $\frac{n}{2}$ (c) $n!$ (d) $\frac{n!}{2}$

29. Let $f: R \to R$ defined as $f(x) = [x]$ is a greatest integer function. The correct choose is:
माना $f: R \to R$ द्वारा परिभाषित फलन $f(x) = [x]$ सबसे बड़ा पूर्णांक है। सही उत्तर चुनिए:

   (a) f is one-one function (फलन f एकैकी है)

   (b) f is onto function (फलन f आच्छादक है)

   (c) f is one-one onto function (फलन f एकैकी आच्छादक है)

   (d) f is neither one-one nor onto function (फलन f न तो एकैकी है न आच्छादक है)

30. Let $f: N \to N$ and $f(x) = x^2$, then the function f is:
यदि $f: N \to N$ तथा $f(x) = x^2$, तो फलन f है:

   (a) one-one onto function (एकैकी आच्छादक फलन)

   (b) many-one onto function (बहुएक आच्छादक फलन)

   (c) one-one but not onto function (एकैकी लेकिन आच्छादक नहीं)

   (d) neither one-one nor onto function (न तो एकैकी न आच्छादक)

Answers:

1.(b) 2.(a) 3.(b) 4.(a) 5.(d) 6.(a) 7.(c) 8.(c) 9.(d)
10.(c) 11.(c) 12.(b) 13.(b) 14.(d) 15.(d) 16.(d) 17.(a) 18.(a)
19.(c) 20.(d) 21.(b) 22.(a) 23.(b) 24.(b) 25.(c) 26.(a) 27.(a)
28.(c) 29.(d) 30.(c)

Chapter 2
Inverse Trigonometric Function
(प्रतिलोम त्रिकोणमितीय फलन)

1. The value of $cot(sin^{-1}x)$ is
   (a) $\frac{\sqrt{1+x^2}}{x}$
   (b) $\frac{x}{\sqrt{1+x^2}}$
   (c) $\frac{1}{x}$
   (d) $\frac{\sqrt{1-x^2}}{x}$

2. The value of $sin^{-1}\left(cos\frac{\pi}{9}\right)$ is
   (a) $\frac{\pi}{9}$
   (b) $\frac{5\pi}{9}$
   (c) $\frac{-5\pi}{9}$
   (d) $\frac{7\pi}{18}$

3. The value of the expression $2 sec^{-1}(2) + sin^{-1}\left(\frac{1}{2}\right)$ is
   (a) $\frac{\pi}{6}$
   (b) $\frac{5\pi}{6}$
   (c) $\frac{7\pi}{6}$
   (d) 1

4. The domain (प्रांत) of the function defined by $f(x) = sin^{-1}(\sqrt{x-1})$ is
   (a) [1, 2]
   (b) [-1, 1]
   (c) [0, 1]
   (d) None of these

5. The value of $cot\left[cos^{-1}\left(\frac{7}{25}\right)\right]$ is
   (a) $\frac{25}{24}$
   (b) $\frac{25}{7}$
   (c) $\frac{24}{25}$
   (d) $\frac{7}{24}$

6. The value of $sin[cot^{-1}\{tan(cos^{-1} x)\}]$ is
   (a) $\sqrt{1-x^2}$
   (b) 1
   (c) x
   (d) x^2

7. If $f(x) = sin^{-1} x$, the domain (प्रांत) of $f(x)$ is
   (a) $x \geq 1 \; or \; x \leq -1$
   (b) $-1 \leq x \leq 1$
   (c) $x \geq 1$
   (d) None of these

8. The value of $sin^{-1}\left[cos\left(\frac{33\pi}{5}\right)\right]$ is
   (a) $\frac{3\pi}{5}$
   (b) $\frac{-7\pi}{5}$
   (c) $\frac{\pi}{10}$
   (d) $\frac{-\pi}{10}$

9. The domain (प्रांत) of the function $cos^{-1}(2x-1)$ is

(a) [0, 1] (b) [-1, 1] (c) (-1, 1) (d) [0, π]

10. The value of $\cos^{-1}\left(\cos\frac{5\pi}{3}\right) + \sin^{-1}\left(\sin\frac{5\pi}{3}\right)$ is equal to

(a) 0 (b) $\frac{\pi}{2}$ (c) $\frac{10\pi}{3}$ (d) $\frac{2\pi}{3}$

11. The value of $\cot\left[\frac{1}{2}\sin^{-1}\left(\frac{\sqrt{3}}{2}\right)\right]$ is

(a) 1 (b) $\frac{1}{\sqrt{3}}$ (c) $\sqrt{3}$ (d) 0

12. The value of $\cos^{-1}(2x^2 - 1)$, $0\leq 0\leq 1$ is equal to

(a) $2\cos^{-1}x$ (b) $2\sin^{-1}x$

(c) $\pi - 2\cos^{-1}x$ (d) $\pi + 2\cos^{-1}x$

13. Which of the following is the principal value (मुख्य मान) branch of $\cos^{-1}x$?

(a) $[\frac{-\pi}{2}, \frac{\pi}{2}]$ (b) $(0, \pi)$ (c) $[0, \pi]$ (d) $(0, \pi)$- $[\frac{\pi}{2}]$

14. Which of the following is the principal value (मुख्य मान) branch of $\text{cosec}^{-1}x$?

(a) $(\frac{-\pi}{2}, \frac{\pi}{2})$ (b) $(0, \pi)$-$\{\frac{\pi}{2}\}$ (c) $\{\frac{-x}{2}, \frac{x}{2}\}$ (d) $[\frac{-\pi}{2}, \frac{\pi}{2}]$-$\{0\}$

15. The value of $\tan\left[\frac{1}{2}\cos^{-1}\left(\frac{\sqrt{5}}{3}\right)\right]$ is

(a) $\frac{3+\sqrt{5}}{2}$ (b) $\frac{3-\sqrt{5}}{2}$ (c) $\frac{-3+\sqrt{5}}{2}$ (d) $\frac{-3-\sqrt{5}}{2}$

16. If $\sin^{-1}x - \cos^{-1}x = \frac{\pi}{6}$, then $x =$

(a) $\frac{1}{2}$ (b) $\frac{\sqrt{3}}{2}$ (c) $\frac{-1}{2}$ (d) $\frac{-\sqrt{3}}{2}$

17. $\cot\left(\frac{\pi}{4} - 2\cot^{-1}3\right)$ is equal to

(a) 7 (b) 6 (c) 5 (d) 4

18. The value of $\cot\left(cosec^{-1}\frac{5}{3} + \tan^{-1}\frac{2}{3}\right)$ is

(a) $\frac{5}{17}$ (b) $\frac{6}{17}$ (c) $\frac{3}{17}$ (d) $\frac{4}{17}$

19. $\sin\left\{2\cos^{-1}\left(-\frac{3}{5}\right)\right\}$ is equal to

(a) $\frac{6}{25}$ (b) $\frac{24}{25}$ (c) $\frac{4}{5}$ (d) $\frac{-24}{25}$

20. $\tan^{-1}(\sqrt{3}) - \sec^{-1}(-2)$ is equal to

(a) π (b) $\frac{-\pi}{3}$ (c) $\frac{\pi}{3}$ (d) $\frac{2\pi}{3}$

21. $\cos^{-1}\left(\cos\frac{7\pi}{6}\right)$ is equal to

(a) $\frac{7\pi}{6}$ (b) $\frac{5\pi}{6}$ (c) $\frac{\pi}{3}$ (d) $\frac{\pi}{6}$

22. $\sin^{-1}(1-x) - 2\sin^{-1}x = \frac{\pi}{2}$, then x is equal to

(a) $0, \frac{1}{2}$ (b) $1, \frac{1}{2}$ (c) 0 (d) $\frac{1}{2}$

23. $\sin(\tan^{-1}x)$ is equal to

(a) $\frac{x}{\sqrt{1-x^2}}$ (b) $\frac{1}{\sqrt{1-x^2}}$ (c) $\frac{1}{\sqrt{1+x^2}}$ (d) $\frac{x}{\sqrt{1+x^2}}$

24. $\sin\left[\frac{x}{3} - \sin^{-1}\left(-\frac{1}{2}\right)\right]$ is equal to

(a) $\frac{1}{2}$ (b) $\frac{1}{3}$ (c) $\frac{1}{4}$ (d)1

25. $\tan^{-1}(\sqrt{3}) - \cot^{-1}(-\sqrt{3})$ is equal to

(a) π (b) $\frac{-\pi}{2}$ (c) 0 (d)$2\sqrt{3}$

26. The value of $\sin^{-1}\left(\sin\frac{3\pi}{5}\right)$ is

(a) $\frac{2\pi}{5}$ (b) $\frac{3\pi}{5}$ (c) $\frac{-2\pi}{5}$ (d) $\frac{-3\pi}{5}$

27. The value of $\tan\left(\tan\frac{3\pi}{4}\right)$ is

(a) $\frac{\pi}{4}$ (b) $\frac{3\pi}{4}$ (c) $\frac{-3\pi}{4}$ (d) $\frac{-\pi}{4}$

28. If $\cot^{-1}\left(-\frac{1}{5}\right) = \theta$, the value of $\sin\theta$ is:

(a) $\frac{\sqrt{26}}{5}$ (b) $\frac{-5}{\sqrt{26}}$ (c) $\frac{\sqrt{5}}{\sqrt{26}}$ (d) $\frac{5}{\sqrt{26}}$

29. The value of $\tan^2(\sec^{-1}2) + \cot^2(\operatorname{cosec}^{-1}3)$ is:

(a) 5 (b) 13 (c) 11 (d)15

30. $\tan^{-1}\left(\frac{x}{y}\right) - \tan^{-1}\left(\frac{x-y}{x+y}\right)$ is equal to

(a) $\frac{\pi}{2}$ (b) $\frac{\pi}{3}$ (c) $\frac{\pi}{4}$ (d) $\frac{-3\pi}{4}$

Answers:
1. (c)   2.(d)   3.(b)   4.(a)   5.(d)   6.(c)   7.(b)   8.(d)   9.(a)
10.(a)   11.(c)   12.(a)   13.(c)   14.(d)   15.(b)   16.(b)   17.(a)   18.(b)
19.(d)   20.(b)   21.(b)   22.(c)   23.(d)   24.(d)   25.(b)   26.(a)   27.(d)
28.(d)   29.(c)   30.(c)

Chapter 3
Matrices

(आव्यूह)

1. If $[x \quad 1]\begin{bmatrix} 1 & 0 \\ -2 & 0 \end{bmatrix} = 0$, then x equals
(a) 0 (b) -2 (c) -1 (d) 2

2. If $A = [2 \; -3 \; 4], B = \begin{bmatrix} 3 \\ 2 \\ 2 \end{bmatrix}, X = [1 \; 2 \; 3], Y = \begin{bmatrix} 2 \\ 3 \\ 4 \end{bmatrix}$ then $(AB + XY)$ equal
(a) [28] (b) [24] (c) 28 (d) 24

3. $A = [a_{ij}]_{m \times n}$ is square matrix (वर्ग आव्युह), if
(a) $m < n$ (b) $m > n$ (c) $m = n$ (d) None of these

4. The number of possible matrices of order 3×3 with each entry 0 or 1:
3×3 कोटि के ऐसे आव्युह की कुल कितनी संख्या होगी जिनकी प्रत्येक प्रविष्टि 0 या 1 है?
(a) 27 (b) 18 (c) 81 (d) 512

5. Matrices A and B will be inverse of each other only if
आव्युह A और B दोनों एक-दूसरे की के व्युत्क्रम हैं यदि
(a) $AB = BA$ (b) $AB = BA = 0$
(c) $AB = 0, BA = 1$ (d) $AB = BA = 1$

6. The matrix $\begin{bmatrix} 0 & 0 & 4 \\ 0 & 4 & 0 \\ 4 & 0 & 0 \end{bmatrix}$ is a
(a) square matrix (वर्ग आव्युह)
(b) diagonal matrix (विकर्ण आव्युह)
(c) unit matrix (इकाई आव्युह)
(d) None of these (इनमें से कोई नहीं)

7. If A and B are Symmetric matrices same order, then $AB - BA$ is a:
यदि A और B समान कोटि के सममित आव्युह है तो $AB - BA$ है:

(a) Skew - symmetric matrix (विषम सममित आबुह)
(b) Symmetric matrix (सममित आत्युह)
(c) zero matrix (शून्य आयुह)
(d) Identity matrix (तत्समक आप्पुछ)

8. The matrix $\begin{bmatrix} 1 & 0 & 0 \\ 0 & 2 & 0 \\ 0 & 0 & 3 \end{bmatrix}$ is a:
(a) Identity matrix (तत्समक आव्युह)
(b) Symmetric matrix (सममित आव्युह)
(c) Skew-symmetric matrix (विषम सममित आव्युह)
(d) None of these (इनमें से कोई नहीं)

9. If $A = \begin{bmatrix} 3 & x-1 \\ 2x+3 & x+2 \end{bmatrix}$ is a symmetric matrix (सममित आव्युह), then x is:
(a) 4 (b) 3 (c)-4 (d)-3

10. If A is any square matrix, then which of the following is skew-symmetric?
यदि A कोई वर्ग आव्युह हो तब निम्लिखित मेंसे विषम सममित आव्यूह होगा?
(a) $A + A^T$ (b) $A - A^T$ (c) $A.A^T$ (d) $A^T.A$

11. Let $A = \begin{bmatrix} 1 & 2 \\ -5 & 1 \end{bmatrix}$ and $A^{-1} = xA + yI$, then the value of x and y respectively are:
माना $A = \begin{bmatrix} 1 & 2 \\ -5 & 1 \end{bmatrix}$ तथा $A^{-1} = xA + yI$, हो तो x तथा y के मान क्रमश:
(a) $-\frac{1}{11}, \frac{2}{11}$ (b) $-\frac{1}{11}, -\frac{2}{11}$ (c) $\frac{1}{11}, \frac{2}{11}$ (d) $\frac{1}{11}, -\frac{2}{11}$

12. If $A = \begin{bmatrix} 2x & 0 \\ x & x \end{bmatrix}$ and $A^{-1} = \begin{bmatrix} 1 & 0 \\ -1 & 2 \end{bmatrix}$ then x equals:
(a) 2 (b) $-\frac{1}{2}$ (c) 1 (d) $\frac{1}{2}$

13. If $A = \begin{pmatrix} 0 & -1 & 2 \\ 1 & 0 & 3 \\ -2 & -3 & 0 \end{pmatrix}$ then $A + 2A^T$ equals:
(a) A (b) $-A^T$ (c) A^T (d) $2A^2$

14. If A$\begin{pmatrix} \cos\alpha & -\sin\alpha \\ \sin\alpha & \cos\alpha \end{pmatrix}$, then $A + A^T = I$, if the value of α is:

(a) π/6 (b) π/3 (c) π (d) 3π/2

15. If A is a square matrix (वर्ग आव्यूह) such that $A^2 = A$, then $(I + A)^3 - 7A$ is qued to

(a) A (b) $I - A$ (c) I (d) $3A$

16. If A= $\begin{pmatrix} \alpha & \beta \\ \gamma & -\alpha \end{pmatrix}$ is such that $A^2 = I$, then

(a) $1+\alpha^2+\beta\gamma = 0$ (b) $1-\alpha^2+\beta\gamma = 0$

(c) $1-\alpha^2-\beta\gamma = 0$ (d) $1+\alpha^2-\beta\gamma = 0$

17. If $\begin{pmatrix} 1 & 2 \\ -2 & -b \end{pmatrix} + \begin{pmatrix} a & 4 \\ 3 & 2 \end{pmatrix} = \begin{pmatrix} 5 & 6 \\ 1 & 0 \end{pmatrix}$, then $(a^2 + b^2)$ is equal to:

(a) 2 (b) 12 (c) 22 (d) 10

18. If a matrix of order man and B is matrix such that AB^T and B^TA are both defined, then order of matrix B is:

याद A, $m \times n$ क्रम का आकुछ है और B इस प्रकार का आवाह है कि AB^T और B^TA दोनों परिभाषित है, तो आव्यूह B का क्रम है:

(a) $m \times m$ (b) $n \times m$ (c) $n \times n$ (d) $m \times n$

19. If A and B are square matrices (वर्ग आव्यूह) of the same order (समान क्रम) and $AB = 3I$, then A^{-1} is equal to:

(a) 3B (b) $\frac{1}{3}B$ (c) $3B^{-1}$ (d) $\frac{1}{3}B^{-1}$

20. If A = $\begin{pmatrix} 5 & x \\ y & 0 \end{pmatrix}$ and A is symmetric matrix (सममित आव्यूह), then:

(a) $x = y$ (b) $y = 0$ (c) $x = 0$ (d) $x \neq y$

Answers

1. (d) 2.(a) 3.(c) 4.(d) 5.(d) 6.(a) 7.(a) 8.(b) 9.(c)
10.(b) 11. (a) 12.(d) 13.(c) 14.(b) 15.(c) 16(c) 17.(a) 18.(d)
19.(b) 20 (a)

Chapter 4
Determinants
(सारणिक)

1. If $\begin{vmatrix} x & 2 \\ 18 & x \end{vmatrix} = \begin{vmatrix} 6 & 2 \\ 18 & 6 \end{vmatrix}$, then x is equal to
   (a) 6   (b) ±6   (c) -6   (d) 0

2. The area of a triangle with vertices (-3, 0), (3, 0) and (0, K) is 9 sq. units. The value of K will be
   शीर्षों (-3, 0), (3, 0) और (0, K) वाले त्रिभुज का क्षेत्रफल 9 वर्ग इकाई है। K का मान होगा:
   (a) 9   (b) 3   (c) -9   (d) 6

3. If $f(x)= \begin{vmatrix} 0 & x-a & x-b \\ x+a & 0 & x-c \\ x+b & x+c & 0 \end{vmatrix}$ then
   (a) f(a)=0   (b) f(b)=0   (c) f(0) =0   (d) f(1)=0

4. If A is a non-singular matrix of order 3 such that $A^2 = 3A$, then value of |A| is:
   यदि A क्रम 3 का व्युत्क्रमणीय आव्यूह है। दिया गया है $A^2 = 3A$, तब $|A|$ का मान है:
   (a) -3   (b) 3   (c) 9   (d) 27

5. If $\begin{vmatrix} 2 & 3 & 2 \\ x & x & x \\ 4 & 9 & 1 \end{vmatrix} + 3 = 0$, then the value of x is:
   (a) 3   (b) 0   (c) -1   (d) 1

6. If $A = \begin{bmatrix} 1 & 2 \\ 4 & 2 \end{bmatrix}$ then find the value of K, if $|2A| = K|A|$.
   (a) 4   (b) -4   (c) 3   (d) 0

7. Let A be a symmetric matrix, such the $|A| = 5$, then $|A'|$ is:
   माना A एक सममित आव्यूह है, दिया है $|A| = 5$, तो $|A'|$ है:
   (a) 5   (b) 5^2 (c) $\frac{1}{5}$ (d) none of these

8. If $x = -9$ is a root of $\begin{vmatrix} x & 3 & 7 \\ 2 & x & 2 \\ 7 & 6 & x \end{vmatrix} = 0$, then other two roots are:

यदि $x = -9$ का मूल $\begin{vmatrix} x & 3 & 7 \\ 2 & x & 2 \\ 7 & 6 & x \end{vmatrix} = 0$ है, तब अन्य दो मूल है:

(a) $x = 2, x = 7$ (b) $x = -2, x = 7$
(c) $x = 1, x = 7$ (d) none of these

9. The value of the determinant (सारणिक) $\begin{vmatrix} 0 & a & -b \\ -a & 0 & -c \\ b & c & 0 \end{vmatrix}$ is:

(a) a (b)-a (c) b (d) 0

10. For any two square matrices A and B, $|A| = 2$ and $|B| = 6$, then $|AB|$ is:

अन्य दो वर्ग आव्यूहों A और B के लिए $|A| = 2$ तथा $|B| = 6$, तब $|AB|$ है:

(a) 2 (b) 6 (c) 12 (d) none of these

11. If $\begin{vmatrix} 2x & 5 \\ 8 & x \end{vmatrix} = \begin{vmatrix} 6 & 5 \\ 8 & 3 \end{vmatrix}$ then find x.

(a) ± 3 (b)-3 (c)3 (d) ± 2

12. If A= $\begin{vmatrix} 1 & 3 \\ 2 & 1 \end{vmatrix}$, find the determinant (सारणिक) of the matrix $A^2 - 2A$

(a) 25 (b) -25 (c) 0 (d) 4

13. The value of determinant $\Delta = \begin{vmatrix} 2 & 3 & 4 \\ 5 & 6 & 8 \\ 6x & 9x & 12x \end{vmatrix}$ is:

(a) 0 (b) 5 (c) -5 (d) 4

14. If the points (2, -3), (λ, -1) and (0,4) are collinear, find the value of λ.

बिन्दु (2, -3), (λ, -1) और (0,4) सरेख है। λ का मान ज्ञात कीजिए।

(a) $\frac{10}{7}$ (b)7 (c) 10 (d) 0

15. Let $f(z) = \begin{vmatrix} 5 & 3 & 8 \\ 2 & z & 1 \\ 1 & 2 & z \end{vmatrix}$, then $f(5)$ is equal to

(a) 10 (b) -20 (c) 80 (d)none of these

16. If A is square matrix of order 3, such that $A(adjA) = 10I$, then $|adjA|$ is equal to :

यदि A क्रम 3 का एक वर्ग आव्यूह है, दिया है $A(adjA) = 10I$,तो $|adjA|$ बराबर है:
(a) 1   (b) 10   (c) 100   (d) 101

17. If A is skew-symmetric matrix of order 3, then the value of $|A|$ is:
यदि A क्रम 3 का एक विषय सममित आव्यूह है, तो $|A|$ का मान है:
(a) 3   (b) 0   (c) 9   (d) 27

18. Let A= $\begin{bmatrix} 200 & 50 \\ 10 & 2 \end{bmatrix}$ and B= $\begin{bmatrix} 50 & 40 \\ 2 & 3 \end{bmatrix}$, then $|AB|$ is equal to :
(a) 460   (b) 2000   (c) 3000   (d) -7000

19. If A= $\begin{bmatrix} a & 0 & 0 \\ 0 & a & 0 \\ 0 & 0 & a \end{bmatrix}$ then $det(adjA)$ equals:
(a) a^{27} (b) a^3 (c) a^6 (d) a^2

20. If A is any square matrix of order 3×3, such that $|A| = 3$, then the value of $|adjA|$ is?
यदि A क्रम 3×3 का कोई वतग आव्यूह है, दिया गया है $|A| = 3$, तो $|adjA|$ का मान क्या है?
(a) 3   (b) 1/3   (c) 9   (d) 27

21. If $A = \begin{vmatrix} 2 & \lambda & -3 \\ 0 & 2 & 5 \\ 1 & 1 & 3 \end{vmatrix}$. Then A^{-1} exist (अस्तित्व) is:
(a) λ=2   (b) $\lambda \neq 2$ (c) $\lambda \neq -2$ (d) none of these

22. If A is an invertible matrix of order 2, then $det(A^{-1})$ is equal to
यदि A कोटि दो का व्युत्क्रमणीय आव्यूह है, तो $det(A^{-1})$ बराबर:
(a) det(A)   (b) $\frac{1}{det(A)}$ (c) 1   (d) 0

23. Find x, if $\begin{bmatrix} 1 & 2 & x \\ 1 & 1 & 1 \\ 2 & 1 & -1 \end{bmatrix}$ is singular (अव्युत्क्रमणीय)
(a) 1   (b) 2   (c) 3   (d) 4

24. If $\begin{bmatrix} 2+x & 3 & 4 \\ 1 & -1 & 2 \\ x & 1 & -5 \end{bmatrix}$ is a singular matrix (अव्युत्क्रमणीय आव्यूह), then x is:
(a) $\frac{13}{25}$ (b) $\frac{-25}{13}$ (c) $\frac{5}{13}$ (d) $\frac{25}{13}$

25. If $A = \begin{bmatrix} 0 & 1 & 1 \\ 1 & 0 & 1 \\ 1 & 1 & 0 \end{bmatrix}$, then $\frac{A^2-3I}{2}$=?

(a) A^{-1} (b) $2A$ (c) $2A^{-1}$ (d) $\frac{3}{2}A^{-1}$

26. Find the value of $\begin{vmatrix} cos15° & sin15° \\ sin75° & cos75° \end{vmatrix}$

(a) 0 (b) 5 (c) 3 (d) 7

27. If area of triangle is 35 sq. units with the vertices (2, -6), (5,4) and (K, 4). Then K is

यदि शीर्ष (2, -6), (5,4) और (K, 4) वाले त्रिभुज का क्षेत्रफल 35 वर्ग की इकाई हो तो मान है:

(a) 12 (b) -2 (c) -12, -2 (d) 12, -2

28. Let $A = \begin{bmatrix} 1 & sin\theta & 1 \\ -sin\theta & 1 & sin\theta \\ -1 & -sin\theta & 1 \end{bmatrix}$, where 0≤ θ ≤2x then:

(a) det(A) = 0 (b) det(A)ϵ(2, ∞)

(c) det(A) ϵ(2, 4) (d) det(A) ϵ[2,4]

29. If $\Delta = \begin{bmatrix} a & h & g \\ h & b & f \\ g & f & c \end{bmatrix}$, then the co-factor A_{21} is:

(a) $-(hc + fg)$ (b) $fg + hc$ (c) $fg - hc$ (d) $hc - fg$

30. If x, y, z are non-zero numbers (शून्येतर संख्याएँ), then inverse of matrix (मैट्रिक्स का व्युत्क्रम) $A = \begin{bmatrix} x & 0 & 0 \\ 0 & y & 0 \\ 0 & 0 & z \end{bmatrix}$ is:

(a) $\begin{bmatrix} x^{-1} & 0 & 0 \\ 0 & y^{-1} & 0 \\ 0 & 0 & z^{-1} \end{bmatrix}$ (b) $\begin{bmatrix} x^{-1} & 0 & 0 \\ 0 & y^{-1} & 0 \\ 0 & 0 & z^{-1} \end{bmatrix} xyz$

(c) $\frac{1}{xyz}\begin{bmatrix} x & 0 & 0 \\ 0 & y & 0 \\ 0 & 0 & z \end{bmatrix}$ (d) $\begin{bmatrix} 1 & 0 & 0 \\ 0 & 1 & 0 \\ 0 & 0 & 1 \end{bmatrix}\frac{1}{xyz}$

Answers:

1.(b) 2.(b) 3.(c) 4. (d) 5. (c) 6.(a) 7.(a) 8.(a) 9.(d)
10.(c) 11.(a) 12. (a) 13(a) 14.(a) 15.(c) 16.(c) 17.(b) 18.(c)
19.(c) 20. (c) 21.(d) 22.(b) 23.(d) 24.(b) 25.(a) 26.(a) 27. (d)
28.(d) 29.(c) 30.(a)

Chapter 5
Continuity and Differentiablity

(सांतत्य एवं अवकलनीयता)

1. The function $f(x) = [x]$, where $[x]$ denotes the greatest integer (सबसे बड़ा पूर्णांक) function is continuous (सांतत्य) at

(a) 4 (b) -2 (c) 1 (d)1.5

2. The number of points at which the function $f(x) = \frac{1}{x-[x]}$ is not continuous (असांतत्य) at

(a) 1 (b) 2 (c) 3 (d) none of these

3. The function $f(x) = \begin{cases} \frac{\sin x}{x} + \cos x, if\ x \neq 0 \\ K \qquad\qquad , if\ x = 0 \end{cases}$ is continuous (सांतत्य) at $X = 0$, then the value of k is:

(a) 3 (b) 2 (c) 1 (d)1.5

4. The function $f(x) = \cot x$ is discontinuous (असंतत) on the set (समुच्चय)

(a) $\{x = n\pi, n \in z\}$ (b)$\{x = 2n\pi, n\epsilon z\}$

(b)$\{x = (2n+1)\frac{\pi}{2}, n\epsilon z\}$ (d)$\{x = \frac{n\pi}{2}, n\epsilon z\}$

5. If $u = \sin^{-1}\left(\frac{2x}{1-x^2}\right)$ and $v = \tan^{-1}\left(\frac{2x}{1-x^2}\right)$, then $\frac{du}{dv}$ is:

(a) $\frac{1}{2}$ (b) x

(c) $\frac{1-x^2}{1+x^2}$ {4, -4}, Ø (d)1

6. If $y = \log\sqrt{tanx}$, then the value of $\frac{dy}{dx}$ at $x = \frac{x}{4}$ is:

(a) 0 (b) 1 (c) $\frac{1}{2}$ (d) ∞

7. The derivative (अवकलन) $\tan x$ w.r.t. $\sin x$ is:

(a) $\tan^2 x$ (b) $\sec x$ (c) $\frac{\tan x}{\sin x}$ (d) $\sec^3 x$

8. If $y = \log\log_e \frac{x^2}{e^2}$, then $\frac{d^2y}{dx^2}$ equals:
(a) $\frac{-1}{x}$ (b) $\frac{-1}{x^2}$ (c) $\frac{2}{x^2}$ (d) $\frac{-2}{x^2}$

9. The derivative (अवकलन) of $\cos^{-1}\left(\frac{1-x^2}{1-x^2}\right)$ w.r.t. $\cot^{-1}\left(\frac{1-3x^2}{3x-x^3}\right)$ is:
(a) 1 (b) $\frac{2}{3}$ (c) $\frac{3}{2}$ (d) $\frac{1}{2}$

10. If $y = a^x.b^2x - 1$, then $\frac{d^2y}{dx^2}$ is:
(a) $y^2.\log ab^2$
(b) $y\log ab^2$
(c) $y.(\log ab^2)^2$
(d) $y.(\log a^2b)^2$

11. If $y = e^{x+e^{x+e^{x+\ldots\ldots\infty}}}$, find $\frac{dy}{dx}$.
(a) $\frac{y^2}{1-y}$ (b) $\frac{y^2}{y-1}$ (c) $\frac{y}{1-y}$ (d) $\frac{-y}{1-y}$

12. The derivative (अवकलन) of function $\cos(\sin x)$ is:
(a) $\sin(\sin x)$
(b) $\sin(\cos x)$
(c) $-\sin(\sin x)$
(d) $-\cos x.\sin(\sin x)$

13. The derivative (अवकलन) function $\sin(\log x)$:
(a) $\cos(\log x)$
(b) $-\cos(\log x)$
(c) $\frac{\cos(logx)}{x}$
(d) $\frac{-\cos(logx)}{x}$

14. If $x = a\cos\theta, y = b\cos\theta$, then $\frac{dy}{dx}$ is equal to:
(a) $\frac{a}{b}$ (b) $\frac{-a}{b}$ (c) $\frac{-b}{a}$ (d) $\frac{b}{a}$

15. If $y = x\cos x$, then $\frac{d^2y}{dx^2}$ is equal to:
(a) $-2sinx - xcosx$
(b) $-2sinx + xcosx$
(c) $2sinx - xcosx$
(d) $2sinx + xcosx$

16. If $y = \log x$, then $\frac{d^2y}{dx^2}$ is:
(a) $\frac{-1}{x^2}$ (b) $\frac{1}{x^2}$ (c) $\frac{1}{x}$ (d) $\frac{-1}{x}$

17. Differentiation (अवकलन) of function $\log_7(logx)$ is:
(a) $\frac{1}{x.\log_7 x}$ (b) $\frac{1}{log7.logx}$ (c) $\frac{1}{x.log7.logx}$ (d) $\frac{x}{log7.logx}$

18. The differentiation of $\cos^{-1}(\sin x)$ is equal to :
(a) 1 (b) -1 (c) 0 (d) $-\sin^{-1}(\sin x)$

19. If $y = \sqrt{sinx + y}$, then $\frac{dy}{dx}$ is equal to:
(a) $\frac{cosx}{2y-1}$ (b) $\frac{sinx}{1-2y}$ (c) $\frac{cosx}{1-2y}$ (d) $\frac{sinx}{2y-1}$

20. If $y = \cos^{-1} x$, then the value of $\frac{d^2y}{dx^2}$ in term of y alone is:
(a) $-\cot y \,.\, \mathrm{cosec}^2 y$ (b) $\mathrm{cosec}\, y. \cot^2 y$
(c) $-\cot y \,.\, \mathrm{cosec}\, y$ (d)none of these

Answers:
1.(d) 2.(d) 3.(b) 4.(a) 5.(d) 6.(b) 7.(d) 8.(d) 9.(b)
10.(c) 11.(c) 12.(d) 13.(c) 14.(d) 15.(a) 16.(a) 17.(c) 18.(b)
19.(a) 20.(a)

Chapter 6
Application of Derivatives

(अवकलज के अनुप्रयोग)

1. The interval (अन्तराल) in which the function of given by $f(x) = x^2 e^{-x}$ is strictly increasing (निरन्तर वर्धमान), is ::
   (a) (-∞, ∞) (b) (-∞, 0) (c) (2, ∞) (d) (0, 2)

2. The greatest of the numbers (सबसे बड़ी संख्या)) $1, 2^{\frac{1}{2}}, 3^{\frac{1}{3}}, 4^{\frac{1}{4}}, 5^{\frac{1}{5}}, 6^{\frac{1}{6}}, 7^{\frac{1}{7}}$ is:
   (a) $2^{\frac{1}{2}}$ (b) $3^{\frac{1}{3}}$ (c) $4^{\frac{1}{4}}$ (d) $7^{\frac{1}{7}}$

3. If $f(x) = \frac{1}{4x^2+2x+1}$ then its maximum value (अधिकतम मान) is:
   (a) 0 (b) $\frac{4}{3}$
   (c) ±5 (d) max. value does not exist

4. The function $f(x) = \tan^{-1}(\sin x + \cos x)$ is an increasing function (वर्धमान फलन) is:
   (a) $\left(0, \frac{\pi}{2}\right)$ (b) $\left(-\frac{\pi}{2}, \frac{\pi}{4}\right)$ (c) $\left(\frac{\pi}{4}, \frac{\pi}{2}\right)$ (d) $\left(-\frac{\pi}{2}, \frac{\pi}{2}\right)$

5. Let the $f: R \to R$ be defined by $f(x) = 2x + \cos x$, then f
   (a) has a maximum (अधिकतम) at $x = 0$
   (b) has a minimum (न्यूनतम) at $x = \pi$
   (e) in a increasing function (वर्धमान फलन)
   (d) in a decreasing function (घासमान फलन)

6. The function $f(x) = \dfrac{2x^2-1}{x^4}$, $x > 0$ decreases in the interval (ह्रासमान अन्तराल):
   (a) (-∞, 0) (b) [1, ∞) (c) [-1, -1] (d) none of these

7. If $a > b > 0$, the minimum value (न्यूनतम मान) of a $\sec\theta - b\tan\theta$ is:

(a) $b - a$ (b) $\sqrt{a^2+b^2}$ (c) $\sqrt{a^2-b^2}$ (d) $2\sqrt{a^2-b^2}$

8. Which of the following functions is decreasing (ह्रासमान) on (0, $\frac{x}{2}$)?

(a) $\tan 2x$ (b) $\cos x$ (c) $\cot 3x$ (d) none of these

9. If x is real (वास्तविक), then the minimum value (न्यूनतम मान) of $x^2 - 8x + 17$ is:

(a) -1 (b) 0 (c) 1 (d) 2

10. The maximum value (अधिकतम मान) of $\sin x . \cos x$ is:

(a) $\frac{1}{4}$ (b) $\frac{1}{2}$ (c) $\sqrt{2}$ (d) $2\sqrt{2}$

11. The minimum value (न्यूनतम मान) of x^2 $(x > 0)$ is:

(a) 1 (b) $e^{-\frac{1}{e}}$ (c) $\left(\frac{1}{e}\right)^e$ (d) none of these

12. The rate of change of the area of a circle with respect to radius r at $r = 6\ cm$ is:

$r = 6\ cm$ पर त्रिज्या r के सापेक्ष वृत के क्षेत्रफल में परिवर्तन की दर है:

(a) 10π (b) 12π (c) 8π (d) 11π

13. The total revenue in rupees received from the sale of x units of a product is given by $R(x) = 3x^2 + 36x + 5$ When $x = 15$, then marginal revenue is:

एक उत्पाद की इकाईयों के विक्रम से प्राप्त कुल आय (रूपयों में) $R(x) = 3x^2 + 36x + 5$ से प्रदत्तं है। अब $x = 15$ है तो सीमांत आय है

(a) 116 (b) 96 (c) 90 (d) 126

14. The interval (अन्तराल) in which $y = x^2 \times e^{-x}$ is increasing (टाईमात्र) is:

(a) $(-\infty, \infty)$ (b) (-2, 0) (c) $(2, \infty)$ (d) (0, 2)

15. The maximum value (अधिकतम मान) of $\left[x(x-1) + 1\right]^{\frac{1}{3}}$, $0 \leq x \leq 1$, is:

(a) $\left(\frac{1}{3}\right)^{\frac{1}{3}}$ (b) $\frac{1}{2}$ (c) 1   (d) 0

16. For the real value of x, the minimum value of $\frac{(1-x+x^2)}{(1+x+x^2)}$ is:

    x के सभी वास्तविक मानों के लिए $\frac{(1-x+x^2)}{(1+x+x^2)}$ का न्यूनतम माव है।

    (a) 0   (b) 1   (c) 3   (d) $\frac{1}{3}$

17. A cylindrical tank of radius $10m$ is being filled with wheat at the rate of 314 cubic meters per hour. Then the rate at which the depth of the wheat is increasing is:

    एक $10m$. त्रिज्या के बेलनाकार टंकी में 314 m³/hr की दर से गेंहू भरा जाता है। भरे गाए गेंहू की दर की गहराई वृद्धि दर है:

    (a) 1m/h   (b) 0.1m/h   (c) 1.1m/h   (d) 0.5m/h

18. The radius of a circle is increasing at the rate of 0.7 cm/sec. At $r = 4.9$ cm, the rate of increase of the circumference is:

    एक वृत की त्रिज्या 0.7 cm/sec. की दर से बढ़ रही है। $r = 4.9$ cm पर, परिधि की वृद्धि की दर है:

    (a) 2 cm/sec   (b) 2π cm/sec   (c) 1.4 cm/sec   (d) 1.4π cm/sec

19. The point on the curve $x^2 = 2y$ which is nearest to the point (0, 5) is:

    वक्र $x^2 = 2y$ पर (0,5) से न्यूनतम पूरी पर स्थित बिन्दु है::

    (a) $(2\sqrt{2}, 4)$ (b) $(2\sqrt{2}, 0)$ (c) (0, 0)   (d) (2, 2)

20. The interval on which the function $f(x) = 2x^3 + 9x^2 + 12x - 1$ is decreasing (घासमान) :

    (a) $[-1, \infty)$ (b) $(-\infty, 2]$ (c) $[-2, -1]$ (d) $[-1, 1]$

21. If $y = x(x-3)^2$ decreases (हासमान) for the values of x given by:

    (a) $1 < x < 3$ (b) $x > 0$ (c) $x < 0$ (d) $0 < x < \frac{3}{2}$

22. The function $f(x) = \tan x - x$:
    (a) always increasing (हमेशा वर्धमान)
    (b) always decreasing (हमेशा हासमान)
    (c) never increasing (कभी वर्धमान नहीं)
    (d) sometimes increasing and sometimes decreasing (कभी वर्धमान और कभी हासमान)

23. The function $f(x) = 4\sin^3 x - 6\sin^2 x + 12\sin x + 100$ is strictly (निरन्तर)::

(a) increasing (वर्धमान) in $\left(\pi, \frac{3\pi}{2}\right)$

(b) decreasing in (ह्रासमान) $\left(\frac{\pi}{2}, \pi\right)$

(c) decreasing in (ह्रासमान) $\left[\frac{-\pi}{2}, \frac{\pi}{2}\right]$

(d) decreasing in (ह्रासमान) $\left[0, \frac{\pi}{2}\right]$

24. The minimum value (न्यूनतम मान) of the function $y = 2x^3 - 21x^2 + 36x - 20$ is:

(a) -120 (b) -128 (c) -126 (d) -116

25. Find the interval (अनतराल) in which the function $f(x) = \sin x + \cos x, 0 \leq x \leq 2x$, is decreasing (ह्रासमान) :

(a) $\left(\frac{\pi}{4}, \frac{5\pi}{4}\right)$ (b) $\left(\frac{\pi}{4}, \frac{-5\pi}{4}\right)$

(c) $\left(\frac{-\pi}{4}, \frac{5\pi}{4}\right)$ (d) $\left(\frac{-\pi}{4}, \frac{\pi}{4}\right)$

Answers:

1.(d) 2. (b) 3.(b) 4.(b) 5.(c) 6. (b) 7.(c) 8. (b) 9.(c)
10.(b) 11.(b) 12.(b) 13.(d) 14.(d) 15.(c) 16.(d) 17.(a) 18.(d)
19.(a) 20.(b) 21.(a) 22.(a) 23.(b) 24.(b) 25.(a)

Chapter 7
Integrals
(समाकलन)

1. The value of $\int_{-\pi/2}^{\pi/2}(x^3 + x.\cos x + \tan^5 x + 1)\,dx$ is:
   (a) 0 (b) 2 (c) π (d) 1

2. $\int \frac{dx}{e^x + e^{-x}}$ is equal to
   (a) $\tan^{-1}(e^x) + c$ (b) $\tan^{-1}(e^{-x}) + c$
   (c) $\log(e^x - e^{-x}) + c$ (d) $\log(e^x + e^{-x}) + c$

3. The value of $\int_0^1 \tan^{-1}\left(\frac{2x-1}{1+x-x^2}\right)dx$ is:
   (a) 1 (b) 0 (c) -1 (d) $\frac{\pi}{4}$

4. If $f(x) = \int_0^x t.\sin t\,dt$, then $f'(x)$ is
   (a) $\cos x + x.\sin x$ (b) $x.\sin x$
   (c) $x.\cos x$ (d) $\sin x + x.\cos x$

5. $\int x^2 . e^{x^3} dx$ is equal to
   (a) $\frac{1}{3}e^{x^3} + c$ (b) $\frac{1}{3}e^{x^2} + c$ (c) $\frac{1}{2}e^{x^3} + c$ (d) $\frac{1}{2}e^{x^2} + c$

6. $\int \frac{x^9}{(4x^2+1)^6} dx$ is equal to
   (a) $\frac{1}{5x}\left(4 + \frac{1}{x^2}\right)^{-5} + c$ (b) $\frac{1}{5}\left(4 + \frac{1}{x^2}\right)^{-5} + c$
   (c) $\frac{1}{10x}\left(\frac{1}{x^2} + 4\right)^{-5} + c$ (d) $\frac{1}{10}\left(\frac{1}{x^2} + 4\right)^{-5} + c$

7. $\int_0^{\pi/4} \sqrt{1 - \sin 2x}\,dx = ?$
   (a) $\sqrt{2}-1$ (b) $\sqrt{2}+1$ (c) $\sqrt{2}$ (d) None of these

8. Evaluate: $\int_0^{2\pi} \sin\left(\frac{\pi}{4} + \frac{x}{2}\right)dx$
   (a) $-2\sqrt{2}$ (b) -2 (c) $\sqrt{2}$ (d) $2\sqrt{2}$

9. Evaluate : $\int_0^1 \sin^{-1}(\frac{2x}{1+x^2})dx$
   (a) $\frac{\pi}{2} - \log 2$ (b) π (c) $\frac{\pi}{4}$ (d) $\frac{\pi}{4} - \log 2$

10. Evaluate: $\int \sec^2(7 - 4x)\, dx$
    (a) $-\frac{1}{4}\tan(7 - 4x) + C$ (b) $\frac{1}{4}\tan(7 - 4x) + C$
    (c) $\frac{1}{4}\tan(7 + 4x) + C$ (d) $-\frac{1}{4}\tan(7x - 4) + C$

11. Evaluate : $2^{2^{2^x}} \cdot 2^{2^x} \cdot 2^x dx$
    (a) $\frac{1}{(\log 2)^3} \cdot 2^{2^{2^x}} + C$ (b) $\frac{1}{(\log 2)^3} \cdot 2^{2^x} + C$
    (c) $\frac{1}{(\log 2)^2} \cdot 2^{2^x} + C$ (d) $\frac{1}{(\log 2)^4} \cdot 2^{2^{2^x}} + C$

12. Evaluate: $\int_0^{\pi/2} \sqrt{\cos\theta} \cdot \sin^3\theta\, d\theta$
    (a) $\frac{8}{21}$ (b) $\frac{7}{21}$ (c) $\frac{8}{23}$ (d) $\frac{7}{23}$

13. Evaluate: $\int_0^{\pi/2} \frac{\cos x}{\left(\cos\frac{x}{2} + \sin\frac{x}{2}\right)}\, dx$
    (a) $2 - \sqrt{2}$ (b) $2 + \sqrt{2}$ (c) $3 + \sqrt{3}$ (d) $3 - \sqrt{3}$

14. $\int_{-\pi/2}^{\pi/2} \frac{dx}{1+\cos 2x}$ is equal to
    (a) 1   (b) 2   (c) 3   (d) 4

15. $\int \left(\frac{x+2}{x+4}\right)^2 \cdot e^x dx$ is equal to
    (a) $e^x \left(\frac{x}{x+4}\right) + C$ (b) $e^x \left(\frac{x+2}{x+4}\right) + C$
    (c) $e^x \left(\frac{x-2}{x+4}\right) + C$ (d) $e^x \left(\frac{2x.e^x}{x+4}\right) + C$

16. If $\frac{d}{dx}[f(x)] = 4x^3 - \frac{3}{x^4}$ such that $f(2) = 0$, then $f(x)$ is:
    (a) $x^4 + \frac{1}{x^3} - \frac{129}{8}$ (b) $x^3 + \frac{1}{x^4} - \frac{129}{8}$
    (c) $x^4 + \frac{1}{x^3} + \frac{129}{8}$ (d) $x^3 + \frac{1}{x^4} - \frac{128}{8}$

17. Evaluate: $\int \frac{dx}{x^2 + 2x + 2}$
    (a) $x.\tan^{-1}(x + 1) + C$ (b) $\tan^{-1}(x + 1) + C$
    (c) $(x + 1)\tan^{-1} x + C$ (d) $\tan^{-1} x + C$

18. Evaluate: $\int e^x \sec x (1 + \tan x) dx$
    (a) $e^x \cos x + C$ (b) $e^x \sec x + C$
    (c) $e^x \sin x + C$ (d) $e^x \tan x + C$

19. Evaluate: $\int_0^{2/3} \frac{dx}{4+9x^2}$
    (a) $\frac{\pi}{6}$ (b) $\frac{\pi}{12}$ (c) $\frac{\pi}{24}$ (d) $\frac{\pi}{4}$

20. $\int_1^{\sqrt{3}} \frac{dx}{1+x^2}$ is equal to
    (a) $\frac{\pi}{3}$ (b) $\frac{2\pi}{3}$ (c) $\frac{\pi}{6}$ (d) $\frac{\pi}{12}$

21. $\int \frac{10x^9 + 10^x \log 10}{x^{10} + 10^x} dx$ is equal to
    (a) $10^x - x^{10} + C$ (b) $\log(10^x + x^{10}) + C$
    (c) $10^x + x^{10} + C$ (d) $(10^x - x^{10})^{-1} + C$

22. $\frac{e^x(1+x)}{\cos^2(e^x \cdot x)} dx$ is equal to
    (a) $-\cot(e^x \cdot x) + C$ (b) $\tan(e^x) + C$
    (c) $\tan(e^x \cdot x) + C$ (d) $\cot(e^x) + C$

23. Evaluate: $\int \frac{1}{\sqrt{9x-4x^2}} dx$
    (a) $\frac{1}{9} \sin^{-1}\left(\frac{9x-8}{8}\right) + C$ (b) $\frac{1}{2} \sin^{-1}\left(\frac{9x-8}{8}\right) + C$
    (c) $\frac{1}{2} \sin^{-1}\left(\frac{8x-9}{8}\right) + C$ (d) $\frac{1}{3} \sin^{-1}\left(\frac{9x-8}{8}\right) + C$

24. Evaluate: $\int_{1/3}^{1} \frac{(x-x^3)^{1/3}}{x^4} dx$
    (a) 4   (b) 0   (c) 3   (d) 6

25. $\int \frac{x}{(x-1)(x-2)} dx$ is equal to
    (a) $\log \left|\frac{(x-2)^2}{x-1}\right| + C$ (b) $\log \left|\frac{(x-2)^2}{x-2}\right| + C$
    (c) $\log \left|\left(\frac{x-1}{x-2}\right)^2\right| + C$ (d) $\log |(x-1)(x-2)| + C$

26. Evaluate: $\int_0^{\frac{\pi}{2}} \left(\frac{4+3\sin x}{4+3\cos x}\right) dx$
    (a) 2   (b) 0   (c) $\frac{3}{4}$ (d) -2

27. If $f(a+b-x) = f(x)$, then $\int_a^b x \cdot f(x)dx$ is equal to
    (a) $\frac{a+b}{2} \int_a^b f(b-x)dx$
    (b) $\frac{a+b}{2} \int_a^b f(x)dx$
    (c) $\frac{b-a}{2} \int_a^b f(x)dx$
    (d) $\frac{a+b}{2} \int_a^b f(b+x)dx$

28. $\int \frac{x^3}{x+1} dx$ is equal to
    (a) $x + \frac{x^2}{2} + \frac{x^3}{3} - \log|1-x| + C$
    (b) $x - \frac{x^2}{2} - \frac{x^3}{3} - \log|1+x| + C$
    (c) $x + \frac{x^2}{2} - \frac{x^3}{3} - \log|1-x| + C$
    (d) $x - \frac{x^2}{2} + \frac{x^3}{3} - \log|1+x| + C$

29. If $f'(x) = \frac{1}{x} + x$ and $f(1) = \frac{5}{3}$, then $f(x) = ?$
    (a) $\log x + \frac{x^2}{2} + 2$
    (b) $\log x - \frac{x^2}{2} + 2$
    (c) $\log x + \frac{x^2}{2} + 1$
    (d) $\log x - \frac{x^2}{2} + 1$

30. $\int \tan^{-1}\sqrt{x}\, dx$ is equal to
    (a) $(x+1)\tan^{-1}\sqrt{x} - \sqrt{x} + C$
    (b) $x \cdot \tan^{-1}x - \sqrt{x} + C$
    (c) $\sqrt{x} - x\tan^{-1}\sqrt{x} + C$
    (d) $\sqrt{x} - (x+1)\tan^{-1}\sqrt{x} + C$

31. $\int_0^{\frac{\pi}{8}} \tan^2(2x)\, dx$ is equal to
    (a) $\frac{4-\pi}{8}$
    (b) $\frac{4+\pi}{8}$
    (c) $\frac{4-\pi}{4}$
    (d) $\frac{4-\pi}{2}$

32. $\int_{-4}^{4} |x+2|\, dx$ is equal to
    (a) 50
    (b) 20
    (c) 24
    (d) None of these

33. The value of $\int \log x\, dx$ is:
    (a) $\log x - x + C$
    (b) $1 + \log x + C$
    (c) $x(\log x - 1) + C$
    (d) $x(\log x + 1) + C$

34. The value of $\int_1^e \log x\, dx$ is:
    (a) 0
    (b) 1
    (c) $e - 1$
    (d) $e + 1$

35. If $\int_0^3 x^2\, dx = K \int_0^2 x^2 dx + \int_2^3 x^2\, dx$, then the value of K is:
    (a) 2
    (b) 1
    (c) 0
    (d) $\frac{1}{2}$

Answers:-

1.(c) 2.(a) 3.(b) 4.(b) 5.(a) 6.(d) 7.(a) 8.(d) 9.(a)
10.(a) 11.(a) 12.(a) 13.(a) 14.(a) 15.(b) 16.(a) 17.(b) 18.(b)
19.(c) 20.(d) 21.(b) 22.(c) 23.(c) 24.(d) 25.(a) 26.(b) 27.(b)
28.(d) 29.(a) 30.(a) 31.(a) 32.(b) 33.(c) 34.(b) 35.(b)

Chapter 8
Application of Integrals

(समाकलनों के अनुप्रयोग)

1. The area of the region bounded by the curve $x = 2y + 3$ and the lines $y = 1, y = -1$ is:
वक्र $x = 2y + 3$ और रेखाओं $y = 1, y = -1$ से घिरे क्षेत्र का क्षेत्रफल है:
(a) 4 sq. units (b) 6 sq. units
(c) $\frac{3}{2}$ sq. units (d) 8 sq. units

2. The area bounded by the curve $y = x$, x-axis and ordinates $x = -1$ to $x = 2$ is:
वक्र $y = x$, x-अक्ष और निर्देशांक $x = -1$ से $x = 2$ तक का क्षेत्र है:
(a) 0 (b) $\frac{3}{2}$ sq. units
(c) $\frac{1}{2}$ sq. units (d) $\frac{5}{2}$ sq. units

3. The area of the region bounded by the curve $y = \sqrt{16 - x^2}$ and the x-axis is:
वक्र है $y = \sqrt{16 - x^2}$ और x अक्ष से घिरे क्षेत्र का क्षेत्रफल है:
(a) 8π sq. units (b) 16π sq. units
(c) 20π sq. units (d) 256π sq. units

4. The area of the region bounded by the circle $x^2 + y^2 = 1$ is:
वृत $x^2 + y^2 = 1$ से घिरे क्षेत्र का क्षेत्रफल है।:
(a) 2π sq. units (b) 3π sq. units
(c) π sq. units (d) 4π sq. units

5. The area of the smaller part between the circle $x^2 + y^2 = 4$ and the line $x = 1$ is:
वृत्त $x^2 + y^2 = 4$ और रेखा $x = 1$ के बीच के छोटे भाग का क्षेत्रफल है:
(a) $\frac{4\pi}{3} - \sqrt{3}$ sq. units (b) $\frac{8\pi}{3} - \sqrt{3}$ sq. units

(c) $\frac{4\pi}{3} + \sqrt{3}$ sq. units (d) $\frac{5\pi}{3} + \sqrt{3}$ sq. units

6. The area enclosed by the circle $x^2 + y^2 = 2$ is equal to:
   वृत $x^2 + y^2 = 2$ से परिबद्ध क्षेत्रफल है:
   (a) 4π sq. units (b) $4\pi^2$ sq. units
   (c) $2\sqrt{2}\pi$ sq. units (d) 2π sq. units

7. The area bounded by the curve $y = \sqrt{x}$, y-axis and between the lines $y = 0$ and $y = 3$ is:
   वक्र $y = \sqrt{x}$, y- अक्ष, तथा रेखाओं $y = 0$ और $y = 3$ के बीच का क्षेत्रफल है:
   (a) $2\sqrt{3}$ (b) 27 (c) 9 (d) 3

8. Area of the ellipse $\frac{x^2}{a^2} + \frac{y^2}{b^2} = 1$ is:
   दीर्घवृत $\frac{x^2}{a^2} + \frac{y^2}{b^2} = 1$ का क्षेत्रफल है:
   (a) $\frac{1}{2}\pi ab$ (b) $\frac{1}{2}\pi ab$ (c) πab (d) None of these

9. The area bounded by the parabola $y^2 = 4ax$ and its latus rectum is:
   परवलय $y^2 = 4ax$ और नाभिलंब से घिरे क्षेत्र का क्षेत्रफल है:
   (a) $\frac{2}{3}a^2$ (b) $\frac{8}{3}a^2$ (c) $\frac{4}{3}a^2$ (d) $\frac{3}{8}a^2$

10. The area of the region bounded by the curve $x = 2y + 3$ and the lines $y = 1, y = -1$ is:
    (a) 4 (b) 6 (c) $\frac{3}{2}$ (d) 8

11. The area between the curve $y = x^4, x = 1, x = 5$ and x-axis is given by:
    वक्र $y = x^4, x = 1, x = 5$ तथा x-aris के मध्य का क्षेत्रफल है;
    (a) $\frac{3124}{5}$ sq. units (b) $\frac{3214}{5}$ sq. units
    (c) $\frac{34124}{5}$ sq. units (d) $\frac{3421}{5}$ sq. units

12. Area bounded by parabola $y = \sin^2 x$, line $x = \frac{\pi}{2}, x = \pi$ and x-axis is:
    परवलय $y = \sin^2 x$, रेखा $x = \frac{\pi}{2}, x = \pi$ तथा x-axis से घिरे क्षेत्र का क्षेत्रफल है
    (a) $\frac{\pi}{2}$ (b) $\frac{\pi}{4}$ (c) $\frac{\pi}{8}$ (d) π

Answers:
1.(b)　2.(d)　3.(a)　4.(c)　5.(a)　6.(d)　7.(c)　8.(c)　9.(b)
10.(b)　11.(a)　12.(b)

Chapter 9
Differential Equations

(अवकल समीकरण)

1. The degree (घात) of the differential equation (अवकल समीकरण) $\left(\frac{d^2y}{dx^2}\right)^2 + \left(\frac{dy}{dx}\right)^2 = x.\sin\left(\frac{dy}{dx}\right)$ is

(a) 1 (b) 2 (c) 3 (d) not defined

2. The order (कोटि) and degree (घात) of the differential equation (अवकल समीकरण) $\frac{d^2y}{dx} + \left(\frac{dy}{dx}\right)^{\frac{1}{4}} + x^{\frac{1}{5}} = 0$ respectively, are

(a) 2 and 4 (b) 2 and 2 (c) 2 and 3 (d) 3 and 3

3. If $y = e^{-x}(A\cos x + B\sin x)$, then y is a solution of

(a) $\frac{d^2y}{dx^2} + 2\frac{dy}{dx} = 0$ (b) $\frac{d^2y}{dx} - 2\frac{dy}{dx} + 2y = 0$

(c) $\frac{d^2y}{dx^2} + 2\frac{dy}{dx} + 2y = 0$ (d) $\frac{d^2y}{dx} + 2y = 0$

4. The integrating factor (समाकल गुणक) of differential equation $\cos x.\frac{dy}{dx} + y.\sin x = 1$ is:

(a) $\cos x$ (b) $\tan x$ (c) $\sec x$ (d) $\sin x$

5. Which of the following is a second-order differential equation?
निम्नलिखित में से द्वितीय कोटि की अवकल समीकरण कौनसी है?

(a) $(y')^2 + x = y^2$ (b) $y'y'' + y = \sin x$

(c) $y''' + (y'')^2 + y = 0$ (d) $y' = y^2$

6. The integrating factor (समाकल गुणक) of differential equation $(1 - x^2)\frac{dy}{dx} - xy = 1$ is:

(a) $-x$ (b) $\frac{x}{1+x^2}$ (c) $\sqrt{1-x^2}$ (d) $\frac{1}{2}\log(1-x^2)$

7. The integrating factor (समाकल गुणक) of differential equation $\frac{dy}{dx} + y\tan x - \sec x = 0$ is:

(a) $\cos x$ (b) $\sec x$ (c) e^{cosx} (d) e^{secx}

8. The solution of $x\frac{dy}{dx} + y = e^x$ is:

(a) $y = \frac{e^x}{x} + \frac{k}{x}$ (b) $y = xe^x + cx$

(c) $y = xe^x + k$ (d) $x = \frac{e^y}{y} + \frac{k}{y}$

9. The general solution(व्यापक हल) of $\frac{dy}{dx} = 2x.e^{x^2-y}$ is:

(a) $e^{x^2-y} = c$ (b) $e^{-y} + e^{x^2} = c$

(c) $e^y = e^{x^2} + c$ (d) $e^{x^2+y} = c$

10. The solution $\frac{dy}{dx} + y = e^{-x}, y(0) = 0$ is:

(a) $y = e^{-x}(x-1)$ (b) $y = xe^x$

(c) $y = x.e^{-x} + 1$ (d) $y = xe^{-x}$

11. Which of the following differential equations has $y = x$ as one of its particular solution ?

निम्नलिखित में से किस अवकल समीकरण का एक विशिष्ट हल $y = x$ है?

(a) $\frac{d^2y}{dx^2} - x^2.\frac{dy}{dx} + xy = x$ (b) $\frac{d^2y}{dx^2} + x.\frac{dy}{dx} + xy = x$

(c)) $\frac{d^2y}{dx^2} - x^2.\frac{dy}{dx} + xy = 0$ (d)) $\frac{d^2y}{dx^2} + x.\frac{dy}{dx} + xy = 0$

12. The integrating factor (I.F) of the differential equation $x.\frac{dy}{dx} - y = 2x^2$ is:

(a) e^{-x} (b) e^{-y} (c) $\frac{1}{x}$ (d) x

13. The general solution (व्यापक हल) of the differential equation $\frac{dy}{dx} = e^{x+y}$ is:

(a) $e^x + e^{-y} = C$ (b) $e^x + e^y = C$

(c) $e^{-x} + e^y = C$ (d) $e^{-x} + e^{-y} = C$

14. The solution of $\frac{dy}{dx} + \frac{y}{x} = \frac{1}{\sqrt{1+x^2}}$ is:

(a) $y = \frac{1+x^2}{x} + \frac{c}{x}$ (b) $y = \frac{\sqrt{1+x^2}}{x} + \frac{c}{x}$

(c) $y = \frac{x}{\sqrt{1+x^2}} + cx$ (d) none of these

15. $\frac{dy}{dx} = \sin(x+y) + \cos(x+y)$, $y(0) = 0$, then $\left(\frac{x+y}{2}\right)$=?

(a) $e^x - 1$ (b) $\frac{e^x-1}{2}$ (c) $2(e^x - 1)$ (d) $1 - e^x$

16. If $\frac{dy}{dx} = \frac{x+y}{x}$, $y(1) = 1$, then find y.
    (a) $x + \log x$
    (b) $x^2 + x.\log x$
    (c) $x.e^{x-1}$
    (d) $x + x.\log x$

17. if $\frac{dy}{dx} = \frac{y}{x} + \tan\frac{y}{x}$, $y(1) = \frac{\pi}{2}$, then find $y\left(\frac{1}{2}\right)$,
    (a) $\frac{\pi}{3}$
    (b) $\frac{\pi}{4}$
    (c) $\frac{\pi}{6}$
    (d) $\frac{\pi}{12}$

18. If $\frac{dy}{dx} = \frac{2}{x+y}$, then $x + y + 2 =$?
    (a) ce^y
    (b) $ce^{\frac{y}{2}}$
    (c) ce^{-y}
    (d) $ce^{-\frac{y}{2}}$

19. The degree (घात) of differential equation $\sqrt{1 + \left(\frac{dy}{dx}\right)^2} = a\left(\frac{d^2y}{dx}\right)^{\frac{1}{3}}$
    (a) 1
    (b) 2
    (c) 3
    (d) 4

20. The number of solutions of $\frac{dy}{dx} = \frac{y+1}{x-1}$, when $y(1) = 2$ is:
    (a) 1
    (b) 2
    (c) infinite (अनंत)
    (d) None

21. The solution of differential equation $\frac{dy}{dx} = \frac{1+y^2}{1+x^2}$ is:
    (a) $y = \tan^{-1} x$
    (b) $x = \tan^{-1} y$
    (c) $y - x = k(1 + xy)$
    (d) $\tan(xy) = k$

22. The general solution (व्यापक हल) of $\frac{dy}{dx} = 2x.e^{x^2-y}$ is:
    (a) $e^{x^2-y} = c$
    (b) $e^y = e^{x^2} + c$
    (c) $e^{-y} + e^{x^2} = c$
    (d) $e^{x^2+y} = c$

23. The solution of differential equation $\frac{dy}{dx} = e^{x-y} + x^2.e^{-y}$ is:
    (a) $y = e^{x-y} - x^2.e^{-y} + c$
    (b) $e^y - e^x = \frac{x^3}{3} + c$
    (c) $e^x + e^y = \frac{x^3}{3} + c$
    (d) $e^x - e^y = \frac{x^3}{3} + c$

24. The integrating factor (I.F) of $x.\frac{dy}{dx} - y = x^4 - 3x$ is:
    (a) x
    (b) $\frac{1}{x}$
    (c) $\log x$
    (d) $-x$

25. The solution of differential equation $\frac{dy}{dx} + \frac{y}{x} = \sin x$ is:
   (a) $x(y + \cos x) = \sin x + c$
   (b) $x(y - \cos x) = \sin x + c$
   (c) $xy \cdot \cos x = \sin x + c$
   (d) $x(y + \cos x) = \cos x + c$

Answers:-
1.(d)   2.(a)   3.(c)   4.(c)   5.(b)   6.(c)   7.(b)   8.(a)   9.(c)
10.(d) 11.(c) 12.(c) 13.(a) 14.(b) 15.(a) 16.(d) 17.(d) 18.(b)
19.(b) 20.(a) 21.(c) 22.(b) 23.(b) 24.(b) 25.(a)

Chapter 10
Vector Algebra
(सदिश बीजगणित)

1. If θ be the angle between two vectors $\vec{a}$ and $\vec{b}$ then $\vec{a}.\vec{b} \geq 0$ only when
   यदि दो सदिशों $\vec{a}$ और $\vec{b}$ के बीच का कोण θ हो तो $\vec{a}.\vec{b} \geq 0$ होगा:
   (a) $0 < \theta < \frac{\pi}{2}$ (b) $0 \leq \theta \leq \frac{\pi}{2}$ (c) $0 < \theta < \pi$ (d) $0 \leq \theta \leq \pi$

2. Let $\vec{a}$ and $\vec{b}$ be two-unit vectors and θ is the angle between them. Then $\vec{a} + \vec{b}$ is a unit vector if
   मान लीजिए की $\vec{a}$ और $\vec{b}$ दो इकाई सदिश है और θ उनके बीच का कोण है तो $\vec{a} + \vec{b}$ एक इकाई सदिश है यदि :
   (a) $\theta = \frac{\pi}{4}$ (b) $\theta = \frac{\pi}{3}$ (c) $\theta = \frac{\pi}{2}$ (d) $\theta = \frac{2\pi}{3}$

3. The value of $\hat{\imath}.(\hat{\jmath} \times \hat{k}) + \hat{\jmath}.(\hat{\imath} \times \hat{k}) + \hat{k}(\hat{\imath} \times \hat{\jmath})$ is:
   (a) 0   (b) -1   (c) 1   (d) 3

4. If θ is the angle between any two vectors $\vec{a}$ and $\vec{b}$, then $|\vec{a}.\vec{b}| = |\vec{a} \times \vec{b}|$ when θ is equal to:
   किसी दो सदिशों $\vec{a}$ और $\vec{b}$ के बीच का कोण θ है, तब $|\vec{a}.\vec{b}| = |\vec{a} \times \vec{b}|$ है जब θ बराबर है:
   (a) 0   (b) $\frac{\pi}{4}$ (c) $\frac{\pi}{2}$ (d) π

5. Let the vectors $\vec{a}$ and $\vec{b}$ be such that $|\vec{a}| = 3$ and $|\vec{b}| = \frac{\sqrt{2}}{3}$ then $\vec{a} \times \vec{b}$ is a unit vector, if the angle between $\vec{a}$ and $\vec{b}$ is:
   मान लीजिए सदिश $\vec{a}$ और $\vec{b}$ इस प्रकार है की $|\vec{a}| = 3$ और $|\vec{b}| = \frac{\sqrt{2}}{3}$ है, तब $\vec{a} \times \vec{b}$ एक भाजक सदिश है तो $\vec{a}$ और $\vec{b}$ के बीच का कोण है:
   (a) $\frac{\pi}{6}$ (b) $\frac{\pi}{4}$ (c) $\frac{\pi}{3}$ (d) $\frac{\pi}{2}$

6. The vector In the direction of the vector $\hat{\imath} - 2\hat{\jmath} + 2\hat{k}$ that has magnitude 9 is:
   सदिश $\hat{\imath} - 2\hat{\jmath} + 2\hat{k}$ की दिशा में एक ऐसा सदिश जिसका परिमाण 9 है:

(a) $\hat{i} - 2\hat{j} + 2\hat{k}$ (b) $\frac{\hat{i}-2\hat{j}+2\hat{k}}{3}$
(c) $3(\hat{i} - 2\hat{j} + 2\hat{k})$ (d) $9(\hat{i} - 2\hat{j} + 2\hat{k})$

7. Find the value of λ such that the vectors $\vec{a}= 2\hat{i} + \lambda\hat{j} + \hat{k}$ and $\vec{b} = \hat{i} + 2\hat{j} + 3\hat{k}$ are orthogonal
   λ का मान ज्ञात कीजिए जिससे सदिश $\vec{a} = 2\hat{i} + \lambda\hat{j} + \hat{k}$ और $\vec{b} = \hat{i} + 2\hat{j} + 3\hat{k}$ लंबकोणीय हो।
   (a) 0   (b) 1   (c) $\frac{3}{2}$ (d) $\frac{-5}{2}$

8. The value of λ for which the vectors $3\hat{i} - 6\hat{j} + \hat{k}$ and $2\hat{i} - 4\hat{j} + \lambda\hat{k}$ are parallel is:
   λ का वह मान जिसके लिए सदिश $3\hat{i} - 6\hat{j} + \hat{k}$ और $2\hat{i} - 4\hat{j} + \lambda\hat{k}$ समांतर है:
   (a) $\frac{2}{3}$ (b) $\frac{3}{2}$ (c) $\frac{5}{2}$ (d) $\frac{3}{3}$

9. For any vector $\vec{a}$, then the value of $(\vec{a} \times \hat{i})^2 + (\vec{a} \times \hat{j})^2 + (\vec{a} \times \hat{k})^2$ is equal to
   (a) $\vec{a}^2$ (b) $3\vec{a}^2$ (c) $4\vec{a}^2$ (d) $2\vec{a}^2$

10. If $|\vec{a}|=10$, $|\vec{b}|=2$ and $\vec{a}.\vec{b} = 12$, then the value of $|\vec{a} \times \vec{b}|$ is:
    (a) 5   (b) 10   (c) 14   (d) 16

11. The vectors $\lambda\hat{i} + \hat{j} + 2\hat{k}$, $\hat{i} + \lambda\hat{j} - \hat{k}$ and $2\hat{i} - \hat{j} + \lambda\hat{k}$ are coplanar (सरेख) if:
    (a) $\lambda = -2$ (b) $\lambda = 0$ (c) $\lambda = 1$ (d) $\lambda = -1$

12. If $|\vec{a}|=1$ and $-3 \leq \lambda \leq 2$, then the range of $|\lambda\vec{a}|$ is:
    (a) [0,8]   (b) [-12, 8]   (c) [0,12]   (d) [8,12]

13. If $|\vec{a} \times \vec{b}| = 4$ and $\vec{a}.\vec{b} = 2$, then $|\vec{a}|^2 |\vec{b}|^2$ is equal to
    (a) 2   (b) 6   (c) 8   (d) 20

14. If O is origin (केंद्र) and C is the mid-point (मध्य बिन्दु) of $A(2,-1)$ and $B(-4, 3)$, then the value of OC is:
    (a) $\hat{i} + \hat{j}$ (b) $\hat{i} - \hat{j}$ (c) $-\hat{i} + \hat{j}$ (d) $-\hat{i} - \hat{j}$

15. If the angle between $\hat{i} + \hat{k}$ and $\hat{i} + \hat{j} + a\hat{k}$ is $\frac{\pi}{3}$, then the value of a is:
    (a) 0 or 2   (b) -4 or 0   (c) 0 or -3   (d) 2 or -2

16. If $\left(\frac{1}{2},\frac{1}{3},n\right)$ are the direction cosines (दिक् कोसाइन) of a line, then the value of n is:

(a) $\frac{\sqrt{23}}{6}$ (b) $\frac{23}{6}$ (c) $\frac{2}{3}$ (d) $\frac{3}{2}$

17. The vectors $3\hat{i}+5\hat{j}+2\hat{k}$, $2\hat{i}-3\hat{j}-5\hat{k}$ and $5\hat{i}+2\hat{j}-3\hat{k}$ from the sides of

सदिश $3\hat{i}+5\hat{j}+2\hat{k}$, $2\hat{i}-3\hat{j}-5\hat{k}$ और $5\hat{i}+2\hat{j}-3\hat{k}$ किसकी भुजाएँ बनाते हैं?

(a) Isosceles triangle (समाद्विबाहु त्रिभुज)
(b) Right triangle(समकोण त्रिभुज)
(c) Scalene triangle (विषमबाहु त्रिभुज)
(d) Equilateral triangle (समबाहु त्रिभुज)

18. The position vectors of the point which divides the join of points $2\vec{a}$- $3\vec{b}$ and $\vec{a}+\vec{b}$ in the ratio 3:1 is:

उस बिन्दु का स्थिति सदिश जो बिंदुओं $2\vec{a}$- $3\vec{b}$ और $\vec{a}+\vec{b}$ को मिलाने वाले बिन्दु को 3:1 के अनुपात में विभाजित करता है, वह है:

(a) $\frac{3\vec{a}-2\vec{b}}{2}$ (b) $\frac{7\vec{a}-8\vec{b}}{8}$ (c) $\frac{3\vec{a}}{4}$ (d) $\frac{5\vec{a}}{4}$

19. In triangle ABC which of the following is not true:

त्रिभुज ABC के लिए निम्नलिखित में से कौनसा कथन सत्य नहीं है:

(a) $\overrightarrow{AB}+\overrightarrow{BC}+\overrightarrow{CA}=\vec{O}$
(b) $\overrightarrow{AB}+\overrightarrow{BC}-\overrightarrow{AC}=\vec{O}$
(c) $\overrightarrow{AB}+\overrightarrow{BC}-\overrightarrow{CA}=\vec{O}$
(d) $\overrightarrow{AB}-\overrightarrow{CB}+\overrightarrow{CA}=\vec{O}$

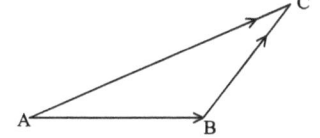

20. Area of rectangle having vertices A, B, C and D with position vectors $-\hat{i}+\frac{1}{2}\hat{j}+4\hat{k}$, $\hat{i}+\frac{1}{2}\hat{j}+4\hat{k}$, $\hat{i}-\frac{1}{2}\hat{j}+4\hat{k}$ and $-\hat{i}-\frac{1}{2}\hat{j}+4\hat{k}$ respectively is:

एक आयत के शीर्ष A,B,C और D जिनके स्थिति सदिश क्रमशः $-\hat{i}+\frac{1}{2}\hat{j}+4\hat{k}$, $\hat{i}+\frac{1}{2}\hat{j}+4\hat{k}$, $\hat{i}-\frac{1}{2}\hat{j}+4\hat{k}$ और $-\hat{i}-\frac{1}{2}\hat{j}+4\hat{k}$

(a) $\frac{1}{2}$ (b) 1 (c) 2 (d) 4

Answers:-

1.(b) 2.(d) 3.(c) 4.(b) 5.(b) 6.(c) 7.(d) 8.(a) 9.(d)
10.(d) 11.(a) 12(c) 13.(d) 14.(c) 15.(b) 16.(a) 17.(d) 18.(d)
19.(c) 20.(c)

Chapter 11
Three Dimensional Geometry
(त्रि-विमीय ज्यामिति)

1. Distance of the point (α, β, γ) from y-axis is:
   बिन्दु (α, β, γ) की y-अक्ष से दूरी है:
   (a) β (b) $|\beta|$ (c) $|\beta| + |\gamma|$ (d) $\sqrt{\alpha^2 + \gamma^2}$

2. If the direction cosines of a line are k, k, k, then
   यदि किसी रेखा की दिक् कोसाइन k, k, k, है, तो
   (a) $k > 0$ (b) $0 < k < 1$ (c) $k = 1$ (d) $k = \frac{1}{\sqrt{3}}$ or $\frac{-1}{\sqrt{3}}$

3. The angle between the line $\frac{x-5}{7} = \frac{y+2}{-5} = \frac{z}{1}$ and $\frac{x}{1} = \frac{y}{2} = \frac{z}{3}$ is:
   (a) 0   (b) $\frac{\pi}{2}$ (c) $\frac{\pi}{3}$ (d) $\frac{\pi}{4}$

4. The angle between the lines passing through the point (4, 7, 8), (2, 3, 4) and (-1, -2, 1), (1, 2, 5) is:
   बिन्दु (4, 7, 8), (2, 3, 4) और (-1, -2, 1), (1, 2, 5) से गुजरने वाली रेखाओं के बीच का कोण है:
   (a) 0   (b) $\frac{\pi}{2}$ (c) $\frac{\pi}{4}$ (d) $\frac{\pi}{6}$

5. If lines $\frac{x-1}{-3} = \frac{y-2}{2k} = \frac{z-3}{2}$ and $\frac{x-1}{3k} = \frac{y-5}{1} = \frac{z-6}{-5}$ are mutually perpendicular, then k is equal to:
   रेखाएँ $\frac{x-1}{-3} = \frac{y-2}{2k} = \frac{z-3}{2}$ और $\frac{x-1}{3k} = \frac{y-5}{1} = \frac{z-6}{-5}$ एक दूसरे के लम्बवत हैं तो k बराबर है:
   (a) $\frac{-10}{7}$ (b) $\frac{-7}{10}$ (c) -10   (d) -7

6. The shortest distance between the lines $x = y + 2 = 6z - 6$ and $x + 1 = 2y = -12z$ is:
   रेखाओं lines $x = y + z = 6z - 6$ और $x + 1 = 2y$ के बीच न्यूनतम दूरी है:
   (a) $\frac{1}{2}$ (b) 2   (c) 1   (d) $\frac{3}{2}$

7. A line makes angle α, β and γ with co-ordinate axes. If $\alpha + \beta = 90°$, then γ is equal to:

एक रेखा निर्देशांक अक्षों के साथ α, β, और γ कोण बनाती है। यदि $\alpha + \beta = 90°$ है, तो γ बराबर है:

(a) 0° (b) 90° (c) 180° (d) None of these

8. Find the direction cosines (दिक् कोसाइन) of the line joining $A(0, 7, 10)$ and $B(-1, 6, 6)$

(a) $\frac{-1}{3\sqrt{2}}, \frac{-1}{3\sqrt{2}}, \frac{2}{3\sqrt{2}}$ (b) $\frac{1}{3\sqrt{2}}, \frac{1}{3\sqrt{2}}, \frac{4}{3\sqrt{2}}$

(c) $\frac{1}{3}, \frac{-1}{3}, \frac{4}{3}$ (d) None of these

9. The equation of the line joining the point (-3, 4, 11) and (1, -2, 7) is:

(a) $\frac{x+3}{2} = \frac{y-4}{3} = \frac{z-11}{4}$ (b) $\frac{x+3}{-2} = \frac{y-4}{3} = \frac{z-11}{4}$

(c) $\frac{x+3}{-2} = \frac{y+4}{3} = \frac{z+11}{4}$ (d) $\frac{x+3}{2} = \frac{y+4}{-3} = \frac{z+11}{4}$

10. The vector equation of the line through the points $A(3, 4, -7)$ and $B(1, -1, 6)$ is:

बिन्दु $A(3, 4, -7)$ और $B(1, -1, 6)$ से होकर जाने वाले रेखा का सदिश समीकरण है:

(a) $\vec{r} = (3\hat{i} - 4\hat{j} - 7\hat{k}) + \lambda(\hat{i} - \hat{j} + 6\hat{k})$

(b) $\vec{r} = (\hat{i} - \hat{j} + 6\hat{k}) + \lambda(3\hat{i} - 4\hat{j} - 7\hat{k})$

(c) $\vec{r} = (3\hat{i} + -4\hat{j} - 7\hat{k}) + \lambda(-2\hat{i} - 5\hat{j} + 13\hat{k})$

(d) $\vec{r} = (\hat{i} - \hat{j} + 6\hat{k}) + \lambda(4\hat{i} + 3\hat{j} - \hat{k})$

11. The angle (कोण) between the lines $\vec{r} = (4\hat{\imath} - \hat{\jmath}) + s(2\hat{\imath} + \hat{\jmath} - 3\hat{k})$ and $\vec{r} = (\hat{\imath} - \hat{\jmath} + 2\hat{k}) + t(\hat{\imath} - 3\hat{\jmath} + 2\hat{k})$ is:

(a) $\frac{3\pi}{2}$ (b) $\frac{\pi}{3}$ (c) $\frac{2\pi}{3}$ (d) $\frac{\pi}{2}$

12. The angle between the lines $3x = 6y = 2z$ and $\frac{x-2}{-5} = \frac{y-1}{7} = \frac{z-3}{1}$ is:

(a) $\frac{\pi}{6}$ (b) $\frac{\pi}{4}$ (c) $\frac{\pi}{3}$ (d) $\frac{\pi}{2}$

13. Which of the following is not direction cosines of a line:

निम्नलिखित में से कौनसी रेखा की दिक् कोसाइन नहीं है:

(a) 1, 1, 1 (b) 0, 0, 1 (c) 1, 0, 0 (d) 0, 1, 0

14. If a line makes angle 30° with x-axis, angle 90° with y-axis then find the angle made on z-axis-

यदि एक रेखा x-अक्ष से 30° का कोण बनाती है, y-अक्ष से 90° का कोण बनाती है तो z-अक्ष पर बना कोण ज्ञात कीजिए -

(a) 45° (b) 60° (c) 90° (d) 180°

15. The direction ratios (दिक् अनुपात) of line $\frac{x+1}{2} = \frac{2y-2}{4} = \frac{3-z}{3} = \lambda$:
    (a) 2, 4, 3   (b) 2, 2, 3   (c) 2, 4, -3   (d) 2, 2, -3

16. The angle between the lines $\frac{x-2}{2} = \frac{y-1}{5} = \frac{z+3}{-3}$ and $\frac{x+2}{-1} = \frac{y-4}{8} = \frac{z-5}{4}$ is:
    (a) $\cos^{-1}\left(\frac{26}{9\sqrt{38}}\right)$
    (b) $\cos^{-1}\left(\frac{-26}{9\sqrt{38}}\right)$
    (c) $\sin^{-1}\left(\frac{26}{9\sqrt{38}}\right)$
    (d) $\sin^{-1}\left(\frac{-26}{9\sqrt{38}}\right)$

17. The direction cosines of the line joining the points (-2, 4, 5) and (1,2,3):
    बिंदुओं (-2, 4, 5) और (1,2,3) को मिलने वाली रेखा की दिक् कोसाइन है:
    (a) $\frac{3}{\sqrt{77}}, \frac{2}{\sqrt{77}}, \frac{8}{\sqrt{77}}$
    (b) $\frac{-3}{\sqrt{77}}, \frac{2}{\sqrt{77}}, \frac{8}{\sqrt{77}}$
    (c) $\frac{3}{\sqrt{77}}, \frac{2}{\sqrt{77}}, \frac{-8}{\sqrt{77}}$
    (d) $\frac{3}{\sqrt{77}}, \frac{-2}{\sqrt{77}}, \frac{8}{\sqrt{77}}$

18. If direction ratios of a line are -18, 12, -4, then their direction cosines are:
    यदि किसी रेखा के दिक् अनुपात -18, 12, -4 है तो उसकी दिक् कोसाइन है:
    (a) $\frac{-9}{11}, \frac{-6}{11}, \frac{-2}{11}$
    (b) $\frac{-9}{11}, \frac{6}{11}, \frac{-2}{11}$
    (c) -9,-6,-2
    (d) $\frac{-18}{11}, \frac{12}{11}, \frac{-4}{11}$

19. The direction ratios of two lines are a, b, c and $b - c, c - a, a - b$, then angle between them is:
    यदि दो रेखाओं के दिक् अनुपात a, b, c और $b - c, c - a, a - b$ है तो उनके बीच का कोण है:
    (a) $\frac{\pi}{4}$ (b) $\frac{\pi}{6}$ (c) $\frac{\pi}{3}$ (d) $\frac{\pi}{2}$

20. The angle which the lines $\frac{x}{1} = \frac{y}{-1} = \frac{z}{0}$ makes with the positive directions of y-axis is:
    रेखा $\frac{x}{1} = \frac{y}{-1} = \frac{z}{0}$ द्वारा y-अक्ष की घनात्मक दिशा में बनाने वाला कोण है:
    (a) $\frac{5\pi}{6}$ (b) $\frac{3\pi}{4}$ (c) $\frac{5\pi}{4}$ (d) $\frac{7\pi}{4}$

21. The Cartesian equation of the line passing through the point $(1, -3, 2)$ and parallel to the $\vec{r} = (2 + \lambda)\hat{\imath} + \lambda\hat{\jmath} + (2\lambda - 1)\hat{k}$ is:
    बिन्दु $(1, -3, 2)$ से गुजरने वाली और रेखा $\vec{r} = (2 + \lambda)\hat{\imath} + \lambda\hat{\jmath} + (2\lambda - 1)\hat{k}$ के समांतर रेखा का कार्तिय समीकरण है:
    (a) $\frac{x-1}{2} = \frac{y-3}{0} = \frac{z-2}{-1}$
    (b) $\frac{x+1}{1} = \frac{y-3}{1} = \frac{z+2}{2}$
    (c) $\frac{x+1}{2} = \frac{y-3}{0} = \frac{z+2}{-1}$
    (d) $\frac{x-1}{1} = \frac{y+3}{1} = \frac{z-2}{2}$

22. The equation of x-axis is:
    (a) $\frac{x}{1} = \frac{y}{1} = \frac{z}{1}$ (b) $\frac{x}{1} = \frac{y}{0} = \frac{z}{0}$ (c) $\frac{x}{0} = \frac{y}{1} = \frac{z}{1}$ (d) $\frac{x}{0} = \frac{y}{0} = \frac{z}{1}$

23. The equation of straight line passing through the point (a, b, c) and parallel to z-axis is:
    बिन्दु (a, b, c) से गुजरने वाली और z-अक्ष के समांतर सरल रेखा का समीकरण है:
    (a) $\frac{x-a}{0} = \frac{y-b}{0} = \frac{z-c}{1}$ (b) $\frac{x-a}{1} = \frac{y-b}{0} = \frac{z-c}{0}$
    (c) $\frac{x-a}{0} = \frac{y-b}{1} = \frac{z-c}{1}$ (d) $\frac{x-a}{1} = \frac{y-b}{1} = \frac{z-c}{0}$

Answers:-
1.(d) 2.(d) 3.(b) 4.(a) 5.(a) 6.(b) 7.(b) 8.(b) 9.(b)
10.(c) 11.(d) 12.(d) 13.(a) 14.(c) 15.(d) 16.(a) 17.(d) 18.(b)
19.(d) 20.(d) 21.(d) 22.(b) 23.(a)

Chapter 12
Linear Programming
(रैखिक प्रोग्रामन)

1. $z = 7x + y$, subjects to $5x + y \geq 5, x + y \geq 3, x \geq 0, y \geq 0$. The minimum Value (न्यूनतम मान) of z occurs at:
   (a) $(3, 0)$ (b) $\left(\frac{1}{2}, \frac{5}{2}\right)$ (c) $(7, 0)$ (6) $(0, 5)$

2. Minimize (न्यूनतमीकरण) $z = 20x_1 + 9x_2$, subject to $x_1 \geq 0, x_2 \geq 0$, $2x_1 + 2x_2 \geq 36, 6x_1 + x_2 \geq 60$
   (a) 360 at (18,0)   (b) 336 at (6,4)
   (c) 540 at (0,60)   (d) o at (0,0)

3. The maximum value (अधिकतम मान) of $z = 4x + 3y$ subject to constraints $x \geq 0, y \geq 0, 2x + 3y \leq 18, x + y \geq 10$ is:
   (a) 35   (b) 36   (c) 34   (d) None of these

4. The region represented by the inequalities $x \geq 6, y \geq 2, 2x + y \leq 0, x \geq 0, y \geq 0$ is:
   (a) Unbounded
   (b) a polygon (एक बहुभुज)
   (c) exterior of a triangle (त्रिभुज का बाहरी भाग)
   (d) None of these (इनमें से कोई नहीं)

5. Region represented by $x \geq 0, y \geq 0$ is:
   (a) first quadrant (प्रथम चतुर्थांश)
   (b) second quadrant (द्वितिय चतुर्थांश)
   (c) Third quadrant (त्रितिय चतुर्थांश)
   (d) Fourth quadrant (चतुर्थ चतुर्थांश)

6. Maximize (अधिकतमीकरण) $z = 11x + 8y$, subject to $x \leq 4, y \leq 6, x \geq 0, y \geq 0$.
   (a) 44 at (4,2)   (b) 60 at (4,2)   (c) 62 at (4,0)   (d) 48 at (4,2)

7. The feasible region for an LPP is shown shaded in the figure. Let $z = 3x - 4y$ be the objective function. A minimum (न्यूनतम) of z occurs at

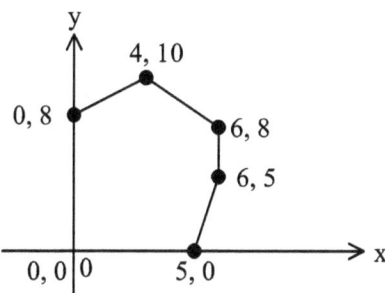

(a) (0, 0)   (b) (0, 8)   (c) (5, 0)   (d) (4, 10)

Answers:-

1.(d) 2.(b) 3.(d) 4.(d) 5.(a) 6.(b) 7.(b)

Chapter 13
Probability

(प्रायिकता)

1. If A and B are any two events such that $P(A) + P(B) - P(A$ and $B) = P(A)$, then-
यदि A और B दो घटनाएं इस प्रकार हैं कि $P(A) + P(B) - P(A$ और $B) = P(A)$, तो-
(a) $P(B/A) = 1$ (b) $P(A/B) = 1$
(c) $P(B/A) = 0$ (d) $P(B/A) = 0$

2. If $P(A|B) > P(A)$, then which of the following is correct:
(a) $P(B/A) < P(B)$ (b) $P(A \cap B) \geq P(A).P(B)$
(c) $P(B/A) > P(B)$ (d) $P(B/A) = P(B)$

3. The probability of obtaining an even prime number on each die, when a pair of dice is rolled is:
जब पासों का एक जोड़ा फेंका जाता है, तो प्रत्येक पासे पर एक सम अभाज्य संखा प्राप्त होने की प्रायिकता है:
(a) 0 (b) $\frac{1}{3}$ (c) $\frac{1}{12}$ (d) $\frac{1}{36}$

4. If $P(A) = 0.4, P(B) = 0.8$ and $P(B/A) = 0.6$, then $P(A \cup B)$ is equal to:
(a) 0.24 (b) 0.3 (c) 0.48 (d) 0.96

5. Eight coins are tossed together. The probability of getting exactly 3 heads is:
आठ सिक्कों को एक साथ उछाला गया। ठीक 3 बार चित आने की प्रायिकता है:
(a) $\frac{1}{256}$ (b) $\frac{7}{32}$ (c) $\frac{5}{32}$ (d) $\frac{3}{32}$

6. A die is thrown and a card is selected at random from a deck of 52 playing cards. The probability of getting an even number on the die and a shade card is:
एक पासा फेंका जाता है और 52 ताश के पत्तों की गड्डी में से एक पत्ता प्रादृच्छिक रूप से चुना जाता है। पासे पर सम संख्या और हुकुम का पत्ता आने की प्राधिकला है
(a) $\frac{1}{2}$ (b) $\frac{1}{4}$ (c) $\frac{1}{8}$ (d) $\frac{3}{4}$

7. Two events E and F are independent (स्वतंत्र): If $P(E) = 0.3, P(E \cup F) = 0.5$, then $P(E/F) - P(F/E)$ equals:
   (a) $\frac{2}{7}$ (b) $\frac{3}{35}$ (c) $\frac{1}{70}$ (d) $\frac{1}{7}$

8. If A and B are such events that $P(A) > 0$ and $P(B) \neq 1$, then $P(A'/B')$ equals:
   (a) $1 - P\left(\frac{A}{B}\right)$
   (b) $1 - P\left(\frac{B}{A}\right)$
   (c) $\frac{1-P(A \cup B)}{P(B^1)}$
   (d) $P(A)/P(B)$

9. If $P(A) = \frac{2}{5}$, $P(B) = \frac{3}{10}$ and $P(A \cap B) = \frac{1}{5}$, then $P(A^1/B^1) \cdot P(B^1/A^1)$ is equal to:
   (a) $\frac{5}{6}$ (b) $\frac{5}{7}$ (c) $\frac{25}{42}$ (d) 1

10. Find the probability of throwing almost 2 sixes in 6 throws of a single die.
    एक पासे को 6 बार उछालने पर अधिकतम २ छः आने की प्रायिकता ज्ञात कीजिए।
    (a) $\frac{35}{18}\left(\frac{5}{6}\right)^3$ (b) $\frac{35}{18}\left(\frac{5}{6}\right)^4$ (c) $\frac{18}{29}\left(\frac{2}{3}\right)^4$ (d) $\frac{18}{29}\left(\frac{2}{3}\right)^4$

11. The probability of a man hitting a target is $\frac{1}{4}$. How many times must he fire so that the probability of his killing the target at least once is greater than $\frac{2}{3}$?
    किसी व्यक्ति द्वारा लक्ष्य पर निशाना लगाने की प्राधिकता $\frac{1}{4}$ है। उसे कितनी बार निशाना लगाना चाहिए कि ताकि उसके द्वारा लक्ष्य पर कम से कम एक बार निशाना लगाने की प्राभिकता $\frac{2}{3}$ से अधिक हो जाए?
    (a) 4   (b) 3   (c) 2   (d) 1

12. A flashlight has 6 batteries out of which 3 are dead. If two batteries are selected without replacement and tested, the probability that both of them are dead is:
    यदि टॉर्च में 8 बैटरियाँ हैं, जिनमें से 3 खत्म हो चुकी हैं। यदि दो बैटरियों को बिना बदले चुना जाता है और उनका परीक्षण किया जाता है, तो दोनों के खराब होने की प्रायिकता है:
    (a) $\frac{33}{56}$ (b) $\frac{9}{64}$ (c) $\frac{1}{14}$ (d) $\frac{3}{28}$

13. Two dice are thrown. If it is known that the sum of numbers on the two dice was less than 6, the probability of getting a sum 3 is:
दो पास फेंके गए। यदि यह ज्ञात हो कि पासों पर प्राप्त संख्याओं का योग 6 से कम है, तो योग 3 आने की प्रायिकता है:
(a) $\frac{1}{18}$ (b) $\frac{5}{18}$ (c) $\frac{1}{5}$ (d) $\frac{2}{5}$

14. P has 2 children. He has a son, Jatin. What is the probability that his sibling is also a boy?
P के 2 बच्चें हैं। उसका एक बेटा जतिन है। क्या प्रायिकता है, कि जतिन. का भाई/बहन उसका भाई हो?
(a) $\frac{1}{3}$ (b) $\frac{1}{4}$ (c) $\frac{2}{3}$ (d) $\frac{1}{2}$

15. If A and B are two events such that $A \subset B$ and $P(B) \neq 0$, then which of the following is correct:
यदि A और B ऐसी घटनाएँ है कि $A \subset B$ तथा $P(B) \neq 0$ तो निम्न में से जैन ढीक है:
(a) $P(A/B) = \frac{P(B)}{P(A)}$ (b) $P(A/B) < P(A)$
(c) $P(A/B) \geq P(A)$ (d) None of these

16. Probability that A speaker truth is $\frac{4}{5}$, A coin is tossed A reports that a head appears the probability that actually there was head is:
A द्वारा सत्य बोलने की अधिकता $\frac{4}{5}$ है। एक सिक्का उछाला जाता है तथा A बताता है कि चित प्रदर्शित हुआ है। वास्तविक रूप में चित प्रकर होने की प्राभिकता है:
(a) $\frac{4}{5}$ (b) $\frac{1}{2}$ (c) $\frac{1}{5}$ (d) $\frac{2}{5}$

17. The probability of obtaining an even prime number on each die, when a pair of dice is rolled is:
यदि पासों का एक जोडा उछाला जाता है तो पुलेक पासे पर सम अभाज्य संख्या प्राप्त होने की गामिकता निम्नलिखित में से क्या है?
(a) 0 (b) $\frac{1}{3}$ (c) $\frac{1}{12}$ (d) $\frac{1}{36}$

18. If $P(A) = \frac{1}{2}, P(B) = 0$, then $P(A/B)$ is:
(a) 0 (b) $\frac{1}{2}$ (c) 1 (d) Not define

19. Given that events A and B are mutually exclusive such that $P(A) = \frac{1}{2}, P(A \cup B) = \frac{3}{5}$ and $P(B) = p$. The value of p is:
(a) $\frac{5}{6}$ (b) $\frac{6}{10}$ (c) $\frac{1}{10}$ (d) $\frac{1}{2}$

20. If A and B are two events and $A \neq \Phi, B = \Phi$, then:
    (a) $P(A/B) = P(A).P(B)$
    (b) $P(A/B) = \frac{P(A \cap B)}{P(B)}$
    (c) $P(A/B).P(B/A) = 1$
    (d) $P(A/B) = P(A)/P(B)$

Answers:
1.(b)   2.(c)   3.(d)   4.(d)   5.(b)   6.(c)   7.(c)   8.(c)   9.(c)
10.(b) 11.(a) 12.(d) 13.(c) 14.(a) 15.(c) 16.(a) 17.(d) 18.(d)
19.(c) 20.(b)

Case Study Based Practice Questions

Case Study Based Questions

CASE STUDY 1

Raji visited the Exhibition along with her family. The Exhibition had a huge swing, which attracted many children. Raji found that the swing traced the path of a Parabola as given by $y = x^2$.
Answer the following questions using the above information.

1. Let $f: R \to R$ be defined by $f(x) = x^2$ is_____
a. Neither Surjective nor Injective
b. Surjective
c. Injective
d. Bijective
2. Let $f: N \to N$ be defined by $f(x) = x^2$ is_____
a. Surjective but not Injective
b. Surjective
c. Injective
d. Bijective
3. Let $f: \{1,2,3,....\} - \{1,4,9,....\}$ be defined by $f(x) = x^2$ is ___
a. Bijective
b. Surjective but not Injective
c. Injective but Surjective
d. Neither Surjective nor Injective
4. Let: $N \to R$ be defined by $f(x) = x^2$. Range of the function among the following is _____
a. {1, 4, 9, 16,... }
b. {1, 4, 8, 9, 10,...}
c. {1,4,9,15,16,...}
d. {1, 4, 8, 16,... }
5. The function $f: Z \to Z$ defined by $f(x) = x^2$ is__
a. Neither Injective nor Surjective
b. Injective
c. Surjective
d. Bijective

CASE STUDY

To promote the making of toilets for women, an organization tried to generate awareness through (i) house calls (ii) emails and (ii) announcements. The cost for each mode per attempt is given below:
(i) ₹ 50   (ii) ₹ 20   (iii) ₹ 40

The number of attempts made In the villages X, Y and Z are given below:

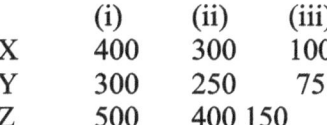

	(i)	(ii)	(iii)
X	400	300	100
Y	300	250	75
Z	500	400	150

Also, the chance of making of toilets corresponding to one attempt of given modes is
(i) 2%   (ii) 4%   (iii) 20%

Based on the above information, answer the following questions.

(i) The cost incurred by the organization on village X is
 (a) 10000   (b) 15000   (c) 30000   (d) 20000
(ii) The cost incurred by the organization on village Y is
 (a) 25000   (b) 18000   (c) 23000   (d) 28000
(iii) The cost Incurred by the organization on village Z is
 (a) 19000   (b) 39000   (c) 45000   (d) 50000
(iv) The total number of toilets that can be expected after the promotion in village X, is
 (a) 20   (b) 30   (c) 40   (d) 50
(v) The total number of toilets that can be expected after the promotion in village Z, is
 26   (b) 36   (c) 46   (d) 56

CASE STUDY

In a city there are two factories A and B. Each factory produces sports clothes for boys and girls. There are three types of clothes produced in both the factories, type I, II and III. For boys the number of units of types I, II and III respectively are 80, 70 and 65 in factory A and 85, 65 and 72 are in factory B. For girls the number of units of types I, II and III respectively are 80, 75, 90 in factory A and 50, 55, 80 are in factory B.

Based on the above information, answer the following questions.

(i) If P represents the matrix of number of units of each type produced by factory A for both boys and girls. then P is given by

(a) $\begin{array}{c} \text{Boys Girls} \\ I \\ II \\ II \end{array} \begin{bmatrix} 85 & 50 \\ 65 & 55 \\ 72 & 80 \end{bmatrix}$

(b) $\begin{array}{c} \;\;\text{I} \;\;\;\;\text{II} \;\;\;\;\text{III} \\ \text{Boys} \\ \text{Girls} \end{array} \begin{bmatrix} 50 & 55 & 80 \\ 85 & 65 & 72 \end{bmatrix}$

(c) $\begin{array}{c} \;\;\text{I} \;\;\;\;\text{II} \;\;\;\;\text{III} \\ \text{Boys} \\ \text{Girls} \end{array} \begin{bmatrix} 80 & 75 & 90 \\ 80 & 70 & 65 \end{bmatrix}$

(d) $\begin{array}{c} \text{Boys Girls} \\ I \\ II \\ II \end{array} \begin{bmatrix} 80 & 80 \\ 70 & 75 \\ 65 & 90 \end{bmatrix}$

(ii) If Q represents the matrix of number of units of each type produced by factory B for both boys and girls. then Q is given by

(a) $\begin{array}{c} \text{Boys Girls} \\ I \\ II \\ II \end{array} \begin{bmatrix} 85 & 50 \\ 65 & 55 \\ 72 & 80 \end{bmatrix}$

(b) $\begin{array}{c} \;\;\text{I} \;\;\;\;\text{II} \;\;\;\;\text{III} \\ \text{Boys} \\ \text{Girls} \end{array} \begin{bmatrix} 50 & 55 & 80 \\ 85 & 65 & 72 \end{bmatrix}$

(c) $\begin{array}{c} \;\;\text{I} \;\;\;\;\text{II} \;\;\;\;\text{III} \\ \text{Boys} \\ \text{Girls} \end{array} \begin{bmatrix} 80 & 75 & 90 \\ 80 & 70 & 65 \end{bmatrix}$

(d) $\begin{array}{c} \text{Boys Girls} \\ I \\ II \\ II \end{array} \begin{bmatrix} 80 & 80 \\ 70 & 75 \\ 65 & 90 \end{bmatrix}$

(iii) The total production of sports clothes of each type for boys is given by the matrix

(a) [165 130 137]   I II III

(b) [130 165 137]   I II III

(c) [165 135 137]   I II III

(d) [137 135 165]   I II III

(iv) The total production of sports clothes of each type for girls is given by the matrix

(a) [165 130 137]   I II III

(b) [130 165 137]   I II III

(c) $\begin{bmatrix} I & II & III \\ 165 & 135 & 137 \end{bmatrix}$ (d) $\begin{bmatrix} I & II & III \\ 137 & 135 & 165 \end{bmatrix}$

(v) Let R be a 3×2 matrix that represent the total production of sports clothes of each type for boys and girls, then transpose of R is

(a) $\begin{bmatrix} 165 & 135 & 137 \\ 130 & 130 & 170 \end{bmatrix}$ (b) $\begin{bmatrix} 130 & 130 & 170 \\ 165 & 135 & 138 \end{bmatrix}$

(c) $\begin{bmatrix} 165 & 132 \\ 135 & 130 \\ 137 & 170 \end{bmatrix}$ (d) $\begin{bmatrix} 130 & 168 \\ 130 & 135 \\ 170 & 137 \end{bmatrix}$

CASE STUDY

Megha wants to prepare a handmade gift box for her friend's birthday at home. For making lower part of box, she takes a square piece of cardboard of side $20 cm$.

Based on the above information, answer the following questions.

(I) If x cm be the length of each side of the square cardboard which is to be cut off from corners of the square piece of side $20 cm$. then possible value of x will be given by the interval
 (a) $(0, 20)$ (b) $(0, 10)$ (c) $(0, 3)$ (d) None of these

(II) Volume of the open box formed by folding up the cutting corner can be expressed as
 (a) $V = x(20 - 2x)(20 - 2x)$
 (b) $V = \frac{x}{2}(20 + x)(20 - x)$
 (c) $V = \frac{x}{3}(20 - 2x)(20 + 2x)$
 (d) $V = x(20 - 2x)(20 - x)$

(III) The values of x which $\frac{dV}{dx} = 0$, are
 (a) $3, 4$ (b) $0, \frac{10}{3}$ (c) $0, 10$ (d) $10, \frac{10}{3}$

(IV) Megha is interested in maximizing the volume of the box. So, what should be the side of the square to be cut off so that the volume of the box is maximum?
 (a) 12 cm (b) 8cm (c) $\frac{10}{3}$ cm (d) 2cm

(V) The maximum value of the volume is
 (a) $\frac{17000}{27} cm^3$ (b) $\frac{11000}{27} cm^3$
 (c) $\frac{8000}{27} cm^3$ (d) $\frac{16000}{27} cm^3$

CASE STUDY

A magazine company in a town bas 5000 subscribers on its list and collects fix charges of ₹ 3000 per year from each subscriber. The company proposes to increase the annual charges and it is believed that for *every* increase of ₹1, one subscriber will discontinue service.

Based on the above information, answer the following questions.
(i) If x denote the amount of increase in annual charges. then revenue R, as a function of x can be represented a
 (a) $R(x) = 3000 \times 5000 \times x$
 (b) $R(x) = (5000 + x)(3000 - x)$
 (c) $R(x) = (3000 - 2x)(5000 + 2x)$
 (d) $R(x) = (3000 + x)(5000 - x)$

(ii) If magazine company increases ₹500 as annual charges, then R is equal to
 (a) ₹15750000 (b) ₹16750000
 (c) ₹17500000 (d) ₹15000000

(iii) If revenue collected by the magazine company is ₹15640000, then value of amount increased as annual charges for each subscriber, is
 (a) 400 (b) 1600

(c) Both (a) and (b) (d) None of these
(iv) What amount of increase in annual charges will bring maximum revenue?
(a) 1000 (b) 2000 (c) 3000 (d) 4000
(v) Maximum revenue is equal to
(a) ₹ 15000000 (b) ₹ 1600000 (c) ₹ 20500000 (d) ₹ 25000000

CASE STUDY

Rohan, a student of class XII, visited his uncle's flat with his father. He observe that the window of the house is in the form of a rectangle surmounted by a semicircular opening having perimeter $10m$ as shown in the figure.

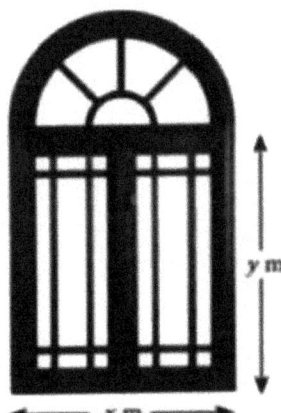

Based on the above Information, answer the following questions.
(v) If x and y represents the length and breadth of the rectangular region, then relation between x and y can be represented as
(a) $x + y + \dfrac{\pi}{2} = 10$ (b) $x + 2y + \dfrac{\pi x}{2} = 10$
(c) $2x + 2y = 10$ (d) $x + 2y + \dfrac{\pi}{2} = 10$

(vi) The area (A) of the window can be given by
(a) $A = x - \dfrac{x^3}{8} - \dfrac{x^2}{2}$ (b) $A = 5x - \dfrac{x^2}{2} - \dfrac{\pi x^3}{8}$
(c) $A = x + \dfrac{\pi x^3}{8} - \dfrac{x^2}{8}$ (d) $A = 5x + \dfrac{x^2}{2} + \dfrac{\pi x^2}{8}$

(vii) Rohan is interested in maximizing the area of the whole window, for this to happen, the value of x should be

(a) $\dfrac{10}{4+x}$ (b) $\dfrac{10}{4-x}$ (c) $\dfrac{20}{4+x}$ (d) $\dfrac{20}{4-x}$

(viii) Maximum area of the window is

(a) $\dfrac{50}{4+x}$ (b) $\dfrac{30}{4+x}$ (c) $\dfrac{50}{4-x}$ (d) $\dfrac{50}{4+x}$

(ix) For maximum value of A, the breadth of rectangular part of the window is

(a) $\dfrac{10}{4+x}$ (b) $\dfrac{10}{4-x}$ (c) $\dfrac{20}{4+x}$ (d) $\dfrac{20}{4-x}$

CASE STUDY

In a family there are four children. All of them have to work in their family business to earn their livelihood at the age of 18.

Based on the above information, answer the following questions.

(i) Probability that all children are girls, if it is given that elder child is a boy, is

(a) 3/8 (b) 1/8 (c) 5/8 (d) none of these

(ii) Probability that all children are boys. if two elder children are boys, is

(a) ¼ (b) ¾ (c) ½ (d) none of these

(iii) Find the probability that two middle children are boys, if it is given that eldest child is a girl.

(a) 0 (b) 3/4 (c) 1/4 (d) none of these

(iv) Find the probability that all children are boys. if it is given that at most one of the children is a girl.

(a) 0 (b) 1/5 (c) 2/5 (d) 4/5

(v) Find the probability that all children are boys. if it is given that at least three of the children are boys.
 (a) 1/5   (b) 2/5   (c) 3/5   (d) 4/5

CASE STUDY

In a wedding ceremony, consists of father, mother, daughter and son line up at random for a family photograph, as shown in figure.

Based on the above information, answer the following questions.
(i) Find the probability that daughter is at one end given that father and mother are in the middle.
 (a) 1   (b) $\frac{1}{2}$ (c) $\frac{1}{3}$ (d) $\frac{2}{3}$
(ii) Find the probability that mother is at right end, given that son and daughter are together.
 (a) $\frac{1}{2}$ (b) $\frac{1}{3}$ (c) $\frac{1}{4}$ (d) 0
(iii) Find the probability that father and mother are in the middle, given that son is at right end.
 (a) $\frac{1}{4}$ (b) $\frac{1}{2}$ (c) $\frac{1}{3}$ (d) $\frac{2}{3}$
(iv) Find the probability that father and son are standing together, given that mother and daughter are standing together.
 (a) 0   (b) 1   (c) $\frac{1}{2}$ (d) $\frac{2}{3}$
(v) Find the probability that father and mother are on either of the ends, given that son is at second position from the right end
 (a) $\frac{1}{3}$ (b) $\frac{2}{3}$ (c) $\frac{1}{4}$ (d) $\frac{2}{5}$

CASE STUDY

Three friends A, B and C are playing a dice game. The numbers rolled upby them In their first three chances were noted and given by A = (l, 5}, B= {2, 4, 5} and C ={1, 2, 5} as A reaches the cell 'SKIP YOUR NEXT TURN' In second throw.

Based on the above information, answer the following questions.
(i)   P(A|B) =
       (a) $\frac{1}{6}$ (b) $\frac{1}{3}$ (c) $\frac{1}{2}$ (d) $\frac{2}{3}$
(ii)   P(B|C)=
       (a) $\frac{2}{3}$ (b) $\frac{1}{12}$ (c) $\frac{1}{9}$ (d) 0
(iii)   P(A∩B|C) =
       (a) $\frac{1}{6}$ (b) $\frac{1}{2}$ (c) $\frac{1}{12}$ (d) $\frac{1}{3}$
(iv)   P(A|C)=
       (a) $\frac{1}{4}$ (b) 1   (c) $\frac{2}{3}$ (d) None of these
(v)   P(A∩B|C) =
       (a) 0   (b) $\frac{1}{2}$ (c) $\frac{2}{3}$ (d) 1

CASE STUDY

A doctor is to visit a patient. From the past experience, it is known that the probabilities that he will come by cab, metro, bike or by other means of transport are respectively 0.3, 0.2, 0.1 and 0.4. The probabilities that he will be late are 0.25, 0.3, 0.35 and 0.1 if he comes by cab, metro, bike and other means of transport respectively.

Based on the above Information, answer the following questions.

(i) When the doctor arrives late, what is the probability that he comes by metro?

(a) $\frac{5}{14}$ (b) $\frac{2}{7}$ (c) $\frac{5}{21}$ (d) $\frac{1}{6}$

(ii) When the doctor arrives late, what is the probability that he comes by cab?

(a) $\frac{4}{21}$ (b) $\frac{1}{7}$ (c) $\frac{5}{14}$ (d) $\frac{2}{21}$

(iii) When the doctor arrives late, what is the probability that he comes by bike?

(a) $\frac{5}{21}$ (b) $\frac{4}{7}$ (c) $\frac{5}{6}$ (d) $\frac{1}{6}$

(iv) When the doctor arrives late, what is the probability that he comes by other means of transport?

(a) $\frac{6}{7}$ (b) $\frac{5}{14}$ (c) $\frac{4}{21}$ (d) $\frac{2}{7}$

(v) What is the probability that the doctor is late by any means?

(a) 1   (b) 0   (c) $\frac{1}{2}$ (d) $\frac{1}{4}$

www.ingramcontent.com/pod-product-compliance
Lightning Source LLC
LaVergne TN
LVHW061615070526
838199LV00078B/7285
9789364523028